LA MONTAÑA ERES TÚ

BRIANNA WIEST

LA MONTAÑA ERES TÚ

Cómo transformar el autosabotaje
en automaestría

Diana

Título original: *The Mountain is You*

© 2020, Brianna Wiest

Traducción: Hernán Sicilia

Diseño de portada: Planeta Arte & Diseño / Christophe Prehu
Ilustración de portada: © iStock
Diseño de interiores: Alejandra Romero

Derechos reservados

© 2022, Editorial Planeta Mexicana, S.A. de C.V.
Bajo el sello editorial DIANA M.R.
Avenida Presidente Masarik núm. 111,
Piso 2, Polanco V Sección, Miguel Hidalgo
C.P. 11560, Ciudad de México
www.planetadelibros.com.mx

Primera edición en formato epub: agosto de 2022
ISBN: 978-607-07-9000-3

Primera edición impresa en México: agosto de 2022
Primera reimpresión en México: abril de 2023
ISBN: 978-607-07-8873-4

Impreso en los talleres de Litográfica Ingramex, S.A. de C.V.
Centeno núm. 162-1, colonia Granjas Esmeralda, Ciudad de México
Impreso y hecho en México – *Printed and made in Mexico*

«El libro de Brianna es una bella expresión de sanación. Su entendimiento sobre el autosabotaje, la inteligencia emocional y la transformación profunda es invaluable. Comprende que el cambio comienza por uno mismo, y su libro es un regalo para la sociedad».

Dr. Nicole Lepera, «The Holistic Psychologist»

«Considero que, al satisfacer nuestro más profundo potencial, la mayor recompensa surge menos de los resultados y más de la persona en quien debemos convertirnos para lograr aquello de lo que sabemos que somos capaces en verdad. En este libro revelador y de bella escritura, Brianna Wiest nos inspira para escalar nuestras propias montañas, con pensamientos poderosos que te preparan para la próxima subida. ¡Es una lectura esencial para aquellos que están listos para realizar el trabajo requerido para vivir una vida de satisfacción, maravilla y gozos!».

Simon Alexander Ong, *asesor internacional de vida y estratega de negocios*

«*La montaña eres tú* es una llamada de atención que inspira esperanza en la adversidad. Estás invitado a quemar la normativa de lo que se te ha enseñado acerca de ti mismo, al tiempo que despiertas a tu héroe interior, eliges de manera consciente una nueva narrativa, y por último creas la vida que deseas profundamente y que mereces. Brianna nos aporta una alquimia de herramientas pragmáticas y profundos cambios interiores para desarrollar el valor y la claridad necesarios para subir tu propia montaña personal —y, sobre todo, recordar quién viniste a ser—. Es la guía definitiva del buscador para quienes son lo suficientemente valientes para enfrentar su verdadero norte y recuperar su poder».

JENNA BLACK, *asesora internacional*

«Brianna Wiest es una de mis autoras favoritas. Combina la sabiduría del cambio de vida con una elocuencia única que inspira a los lectores a reclamar su fuerza y mejorar sus vidas. *La montaña eres tú* está destinado a ayudar a muchas personas».

YUNG PUEBLO, *autor del bestseller* Inward

«Una revelación. Las palabras escritas me calaron tan hondo que en varias ocasiones tuve que detener la lectura porque se me llenaron los ojos de lágrimas de comprensión y confirmación».

DAWN ZULUETA, *actriz de cine y televisión, conductora y modelo*

«La obra maestra de Brianna Wiest es el mapa perfecto para comprender por qué nos autosaboteamos, cuándo lo hacemos y cómo dejamos de hacerlo —en definitiva».

DR. STEVEN EISENBERG, *experto en bienestar y conexión, internista y oncólogo de renombre*

ÍNDICE

INTRODUCCIÓN

IGUAL QUE LA NATURALEZA, la vida muy a menudo trabaja a nuestro favor, incluso cuando parece que solo nos enfrentamos a la adversidad, la inquietud y el cambio.

Así como los incendios forestales son esenciales para la ecología del medio ambiente —pues hacen que se abran las nuevas semillas que necesitan calor para germinar y restaurar una población de árboles—, nuestra mente también pasa por periodos de desintegración positiva, o por una purificación mediante la cual soltamos y renovamos nuestro autoconcepto. Sabemos que la naturaleza es más fértil y extensa en sus periferias, allí donde los climas convergen. Así, también nosotros nos transformamos cuando llegamos a nuestros límites, el punto en que nos vemos forzados a salir de nuestras zonas de confort y reorganizarnos.[1] Cuando ya no podemos echar mano de nuestros mecanismos de afrontamiento para ayudar a distraernos de nuestros problemas en la vida, pareciera que hemos tocado fondo. La realidad es que esta especie de toma de conciencia es lo que ocurre cuando por fin hacemos las paces con problemas que han existido por mucho tiempo. Con frecuencia, la crisis es tan solo el punto de inflexión que precede a un gran avance, el momento en que una estrella implosiona antes de convertirse en supernova. Al igual que una montaña se forma cuando dos secciones del suelo ejercen presión entre sí, tu montaña se alzará a partir de necesidades coexistentes pero en conflicto. Tu montaña necesita que reconcilies dos partes de ti: tu consciente y tu inconsciente, esa parte de ti que está al tanto de lo que quieres y aquella que no sabe por qué te contienes todavía.

A través de la historia, las montañas se han utilizado como metáforas de despertares espirituales, de viajes de crecimiento personal y, por supuesto, de retos insuperables que parecen imposibles de lograr cuando nos encontramos hasta abajo. Como gran parte de la naturaleza, las montañas nos brindan una sabiduría inherente acerca de qué se necesitará para elevarnos a nuestro potencial más alto.

El objetivo de ser humano es el crecimiento. Vemos esto reflejado en cada parte de nuestra vida. Las especies se reproducen, el ADN evoluciona para eliminar ciertas cadenas y desarrollar otras nuevas, y los confines del universo siempre se están expandiendo hacia el exterior. De forma parecida, nuestra capacidad de sentir la profundidad y la belleza de la vida puede expandirse siempre hacia el interior si deseamos tomar nuestros problemas y verlos como catalizadores. Los bosques necesitan del fuego para lograrlo; los volcanes requieren implosiones; las estrellas necesitan del colapso, y los seres humanos con frecuencia requieren no tener más opción que enfrentarse al cambio para llevarlo a cabo realmente.

Estar frente a una montaña no significa que estás en particular roto de alguna forma. Todo en la naturaleza es imperfecto, y es gracias a dicha imperfección que el crecimiento es posible. Si todo existiera de manera uniforme, aquella gravedad que creó las estrellas y los planetas, y todo lo que conocemos, no existiría. Sin quiebres, fallas ni vacíos, nada crecería y nada llegaría a ser.[2] El hecho de que seas imperfecto no significa que hayas fallado, es señal de que eres humano y, lo más importante, es señal de que todavía tienes más potencial en tu interior.

Tal vez sabes qué es tu montaña. Quizás es la adicción, el peso, las relaciones, los trabajos, la motivación o el dinero. Quizá no lo sabes. A lo mejor es una vaga sensación de ansiedad, baja autoestima, miedo o un descontento general que parece impregnar todo lo demás. Con frecuencia, la montaña es menos un reto frente a nosotros que un problema en nuestro interior, una base inestable que podría no ser evidente a primera vista pero que está, sin embargo, cambiando casi todos los aspectos de nuestras vidas.

Por lo general, cuando tenemos un problema circunstancial, nos enfrentamos a la realidad de la vida. Cuando el problema es crónico, entonces nos enfrentamos a la realidad en nosotros. A menudo pensamos que encarar una montaña significa encarar las dificultades de la vida, pero lo cierto es que casi siempre se debe a los años que hemos pasado acumulando pequeños traumas, adaptaciones y mecanismos de afrontamiento, todos los cuales se han agravado con el tiempo.

———

Tu montaña es el obstáculo entre tú y la vida que quieres vivir. Enfrentarlo también es el único camino hacia tu libertad y conversión. Estás aquí porque un detonante te mostró tu herida, y tu herida te indicará tu camino, y tu camino te conducirá a tu destino.

———

Cuando llegas a este límite —el pie de la montaña, el calor del fuego, la noche que al fin te despierta—, te encuentras en el punto crucial de la crisis y, si deseas realizar el trabajo, te darás cuenta de que ese es el camino de entrada al gran avance que habías esperado toda tu vida.

La persona que eras ya no puede sostener la vida que estás tratando de llevar: es tiempo de reinventarse y renacer.

Debes soltar a quien eras antes en el fuego de tu visión y disponerte a pensar de un modo que ni siquiera habías intentado antes. Debes atravesar el duelo por la pérdida de tu versión más joven, la persona que te ha traído hasta acá, pero que ya no está equipada para conducirte de aquí en adelante. Debes visualizarte y volverte uno con tu versión futura, el héroe de tu vida que te conducirá desde ahora. La tarea que tienes delante es silenciosa, simple y monumental. Es una hazaña que la mayoría nunca llega al punto de intentarla. Ahora debes aprender sobre agilidad, resiliencia y entendimiento propio. Debes cambiar por completo y nunca más ser igual que antes.

La montaña que se levanta frente a ti es el llamado de tu vida, tu propósito de estar aquí y tu camino que por fin se muestran con claridad. Algún día dejarás la montaña atrás de ti, pero la persona en quien te habrás convertido en el proceso de superarla permanecerá siempre a tu lado.

Al final, no es la montaña lo que debes dominar, sino a ti mismo.

CAPÍTULO 1

LA MONTAÑA ERES TÚ

NO HAY NADA QUE TE DETENGA más en la vida que tú mismo.

Si existe una brecha entre el lugar donde te encuentras y el lugar donde quieres estar —y si tus esfuerzos por cerrarla se topan a menudo con tu propia resistencia, tu dolor y malestar, esto casi siempre es obra del autosabotaje.

A simple vista, el autosabotaje parece masoquista. Se muestra como un producto de la baja autoestima y poca confianza en uno mismo, o como una falta de fuerza de voluntad. En realidad, el autosabotaje no es más que la presencia de una necesidad inconsciente que satisfacemos a través de dicha conducta. Para vencerlo, debemos atravesar un proceso de profunda excavación psicológica. Debemos identificar el evento traumático, liberar emociones no procesadas, encontrar formas más sanas de saciar nuestras necesidades, reinventar nuestra autoimagen y desarrollar principios como la inteligencia emocional y la resiliencia.

No es una tarea menor y, sin embargo, es un trabajo que todos debemos hacer en algún momento.

EL AUTOSABOTAJE NO SIEMPRE ES OBVIO AL INICIO

Cuando Carl Jung era niño, se cayó en la escuela y se golpeó la cabeza. Al momento del golpe, pensó en sus adentros: «¡Qué bien!, quizá no tenga que volver a la escuela».[3]

Aunque hoy por hoy es reconocido por sus trabajos esclarecedores, en realidad no le gustaba la escuela ni encajaba del todo con sus compañeros. Poco después de su accidente, Jung comenzó a padecer desmayos esporádicos e incontrolables. De manera inconsciente desarrolló lo que llamaría «neurosis» y, al final, cayó en la cuenta de que todas las neurosis son «sustituto[s] de un sufrimiento legítimo».

En el caso de Jung, este asociaba de manera inconsciente el desmayarse con salirse de la escuela. Llegó a creer que los desmayos eran una manifestación de su deseo inconsciente de salirse de clase, pues se sentía incómodo e infeliz allí. De igual modo, para muchas personas, los miedos y apegos con frecuencia solo son síntomas de problemáticas más profundas que no saben cómo afrontar.

EL AUTOSABOTAJE ES
UN MECANISMO DE AFRONTAMIENTO

El autosabotaje es lo que ocurre cuando nos rehusamos a satisfacer/enfrentar de manera consciente nuestras más recónditas necesidades, a menudo porque no nos creemos capaces de manejarlas.

A veces saboteamos nuestras relaciones porque en realidad lo que queremos es encontrarnos a nosotros mismos, pero nos da miedo estar solos. A veces saboteamos nuestro éxito profesional porque lo que en realidad queremos es crear arte, aunque nos haga ver menos ambiciosos para los estándares de la sociedad. Otras veces, saboteamos nuestro camino de sanación, psicoanalizando nuestros sentimientos, porque hacerlo nos asegura que evitemos experimentarlos de verdad. Otras veces saboteamos nuestro diálogo interno porque, si creyéramos en nosotros mismos, nos sentiríamos libres para regresar al mundo y tomar riesgos, y eso nos dejaría vulnerables.

Al final, el autosabotaje es con mucha frecuencia solo un mecanismo de afrontamiento mal adaptado; una forma en que obtenemos lo que necesitamos sin tener que abordar de verdad lo que dicha necesidad representa. Pero, como todo mecanismo de afrontamiento, solo es eso: una forma de afrontar. No es una respuesta, no es una solución y nunca resuelve de verdad el problema. Tan solo anestesiamos nuestros deseos dándonos una probadita de alivio temporal.

EL AUTOSABOTAJE VIENE DE UN MIEDO IRRACIONAL

A veces nuestras conductas de mayor sabotaje son en realidad el resultado de miedos de larga duración, no examinados, acerca del mundo y de nosotros mismos.

Quizás es la idea de que no eres inteligente o atractivo, o de que le caes mal a los demás. Tal vez es la idea de perder un trabajo, tomar el elevador o comprometerte en una relación. En otros casos, puede ser más abstracto, como el concepto de alguien que «viene por ti», que traspasa tus límites, o de que te «atrapan» o te acusan erróneamente.

Con el tiempo, estas creencias se vuelven fijas.

Para la mayoría de las personas, el miedo abstracto es en realidad la representación de un miedo legítimo. Debido a que la idea de habitar el verdadero miedo es atemorizante, proyectamos dichos sentimientos en problemas o circunstancias menos probables. Si la situación tiene una probabilidad extremadamente baja de ocurrir, entonces se convierte en algo «seguro» de qué preocuparse, porque inconscientemente sabemos que no pasará. Por lo tanto, tenemos una vía para expresar nuestros sentimientos sin ponernos verdaderamente en peligro.

Por ejemplo, si eres alguien que ha desarrollado un profundo temor a ir como pasajero en un coche, quizá tu miedo verdadero sea la pérdida de control o la idea de que alguien o algo más está controlando tu vida. Tal vez es miedo a «avanzar» y el coche en movimiento es una mera representación de eso.

Si fueras consciente del trasfondo real podrías comenzar a trabajar para resolverlo; tal vez identificando las formas en que estás renunciando a tu poder o estás siendo muy pasivo. Sin embargo, si no eres consciente del problema real, continuarás ocupando tu tiempo en tratar de no estallar de ansiedad mientras vas en el coche, y verás que solo resulta peor.

Si intentas arreglar el problema de manera superficial, te toparás siempre con pared. Pues estarás tratando de quitar una curita antes de tener una estrategia para curar la herida.

EL AUTOSABOTAJE VIENE DE ASOCIACIONES NEGATIVAS INCONSCIENTES

El autosabotaje es también una de las primeras señales de que tu narrativa interior está desactualizada, es limitada o simplemente incorrecta.

Tu vida está definida no solo por lo que piensas de ella, sino también por lo que piensas de ti mismo. Tu autoconcepto es una idea que has ido construyendo a lo largo de tu vida. Se ha creado al ensamblar información e influencias de aquellos a tu alrededor: las creencias de tus padres, los pensamientos de tus compañeros y lo que te ha parecido evidente a través de tus experiencias personales, entre otras. Tu autoimagen es difícil de corregir, porque la tendencia de confirmación de tu cerebro trabaja para afianzar las creencias preexistentes acerca de ti mismo.

Cuando nos autosaboteamos, con frecuencia es porque hacemos una asociación negativa entre la meta a la que aspiramos y ser el tipo de persona que la obtiene o la realiza.

Si tu conflicto es que quieres estabilidad financiera y aún así sigues arruinando cada esfuerzo que haces para lograrlo, debes revisitar tu concepto primario de dinero. ¿Cómo llevaban tus padres sus finanzas? Todavía más importante: ¿Qué te decían de las personas que lo tenían y de las que no? Mucha gente que tiene dificultades financieras justificará su lugar en la vida demeritando el dinero en general. Dirán que todos los ricos son terribles. Si creciste con personas que toda tu vida te dijeron que quienes tenían dinero eran así, adivina qué te resistirás a tener.

Tu ansiedad en torno al asunto de que te estás autosaboteando es por lo general un reflejo de tu creencia limitante.

Tal vez asocias estar saludable con ser vulnerable porque alguno de tus padres gozaba de perfecta salud cuando de pronto cayó enfermo. Quizá no estás escribiendo tu obra cumbre porque en realidad no quieres escribir, sino solo quieres mostrarte «exitoso», pues eso te traerá el elogio, que es a lo que la gente normalmente recurre cuando quiere la aceptación que no ha obtenido. Tal vez continúas consumiendo la comida inadecuada porque te calma, pero no te has detenido a preguntarte de qué debe calmarte. Quizá no eres pesimista en realidad, pero no sabes cómo conectar con las personas en tu vida de otra forma que no sea quejándote con ellas.

Para reconciliar esto, tienes que empezar a desafiar estas ideas preexistentes y adoptar nuevas.

Tienes que ser capaz de reconocer que no todo aquel que tiene dinero es corrupto, ni con mucho. Y, sobre todo, dado que hay personas que gastan su dinero de forma egoísta, es todavía más importante el hecho de que las personas buenas, con grandes intenciones, no tengan miedo de buscar este recurso esencial para hacer más eficiente el tiempo, y así crear oportunidades y bienestar para ellos y los demás. Tienes que reconocer que estar sano te hace menos vulnerable, no más, y que las críticas forman parte de crear cualquier cosa para el público, y no son un motivo para no hacerlo. Tienes que mostrarte que hay muchas formas diferentes para calmarte, más efectivas que decidirte por una dieta poco saludable, y que hay maneras mucho mejores de conectar con los demás que a través de la negatividad.

Una vez que comienzas a cuestionar y analizar de verdad estas creencias preexistentes, empiezas a ver qué tan retorcidas e ilógicas fueron todo el tiempo, por no mencionar el hecho de que te impedían alcanzar tu máximo potencial.

EL AUTOSABOTAJE VIENE DE LO QUE NO ES FAMILIAR

Los seres humanos experimentan una resistencia natural a lo desconocido, porque es en esencia la principal pérdida de control. Es así incluso si lo «desconocido» es benévolo o beneficioso para nosotros.

El autosabotaje es con mucha frecuencia el mero producto del desconocimiento, pues cualquier cosa que sea extraña, sin importar qué tan buena sea, también será incómoda hasta que se vuelva familiar. Esta sensación a menudo lleva a las personas a confundir la incomodidad de lo desconocido con el hecho de que esté mal, o sea algo malo o amenazante. Sin embargo, solo es cuestión de ajuste psicológico.

A esto, Gay Hendricks le llama tu «límite superior» o tu tolerancia a la felicidad.[4] Todas las personas tienen una capacidad por la que se permiten sentirse bien. Es similar a lo que otros psicólogos se refieren como la «línea base» de una persona, o su predisposición establecida a la que vuelven de forma habitual, incluso si determinados eventos o circunstancias cambian temporalmente.

Pequeños cambios, acumulados con el tiempo, pueden tener como resultado ajustes permanentes de la línea base. Sin embargo, con frecuencia no se afianzan, porque nos topamos con nuestros límites superiores. La razón por la cual no dejamos que esos cambios se vuelvan líneas base es porque, tan pronto nuestras circunstancias sobrepasan el grado de felicidad al que estamos acostumbrados, encontramos maneras, tanto conscientes como inconscientes, de regresar a un sentimiento con el que estábamos cómodos.

Estamos programados para buscar lo que nos es conocido. Aun cuando pensamos que estamos buscando la felicidad, en realidad estamos tratando de encontrar aquello a lo que estamos más acostumbrados.

EL AUTOSABOTAJE VIENE DE
LOS SISTEMAS DE CREENCIAS

Lo que crees acerca de tu vida es lo que harás realidad en tu vida.

Por eso es tan crucial tomar conciencia de estas narrativas antiguas y tener el valor de cambiarlas.

Quizás has pasado la mayor parte de tu vida creyendo que un salario promedio de 50 mil dólares anuales en una empresa decente, es lo máximo que podrás lograr. Tal vez has pasado tantos años repitiéndote: «Soy una persona ansiosa», que de verdad has comenzado a identificarte así, incorporando la ansiedad y el miedo a tu sistema de creencias acerca de quién eres fundamentalmente. A lo mejor creciste en un círculo social de mentalidad cerrada o en una cámara de resonancia. Tal vez no sabías que podías cuestionar o llegar a nuevas conclusiones acerca de política o religión. Quizá nunca pensaste en ti como alguien que podía tener un gran estilo, sentirse contento o viajar por el mundo.

En otros casos, tus creencias limitantes podrían provenir del deseo por mantenerte a salvo.

Quizá por eso prefieres la comodidad de lo que conoces a la vulnerabilidad de lo que no conoces, o la apatía a la emoción; o piensas que el sufrimiento te hace más valioso, o crees que cada cosa buena en la vida debe ir acompañada de otra «mala».

Para sanar de verdad, tendrás que modificar tu forma de pensar. Tendrás que tomar conciencia de las creencias negativas y falsas, y empezar a cambiar tu mentalidad por una que en verdad te sirva.

CÓMO SALIR DE LA NEGACIÓN

Quizás esta información preliminar del autosabotaje te resuene un poco, o quizá mucho.

De cualquier forma, si estás aquí porque realmente quieres cambiar tu vida, tendrás que dejar de estar en negación respecto a tu situación personal. Tendrás que ser realista contigo. Tendrás que decidir que te amas muchísimo como para conformarte con menos de lo que realmente mereces.

Si piensas que te podría estar yendo mejor en la vida, podrías tener razón.

Si piensas que lo que viniste a lograr aquí es mucho más, podrías tener razón.

Si piensas que no estás siendo una versión auténtica de ti, podrías tener razón.

De nada sirve echar mano a interminables afirmaciones para aplacar nuestros verdaderos sentimientos respecto a dónde nos encontramos en nuestro camino. Cuando hacemos esto comenzamos a disociar y nos atoramos.

En un esfuerzo por «amarnos», tratamos de validar todo acerca de quiénes somos. Aun así, esos cálidos sentimientos nunca parecen consolidarse, sino que solo anestesian de manera temporal el malestar. ¿Por qué no funcionan? Porque muy en el fondo sabemos que no estamos siendo del todo quien queremos ser, y hasta que no lo aceptemos no encontraremos la paz.

Cuando estamos en negación tendemos a entrar en modo de «culpa». Recurrimos a quien sea, o a cualquier cosa, para explicar por qué somos como somos. Y entonces comenzamos a justificar. Si constantemente —y esto quiere decir casi diario— tienes que racionalizar por qué eres infeliz con tu vida, no te estás haciendo ningún favor. No te estás acercando ni un poco a crear el cambio duradero que tanto anhelas.

El primer paso para sanar cualquier cosa es asumir la responsabilidad por completo. Es no permanecer más tiempo en negación acerca de la verdad pura respecto a tu vida y a ti mismo. No importa cómo se ve tu vida desde fuera, lo importante es cómo te sientes respecto a ella en tu interior. No está bien sentirse todo el tiempo estresado, con pánico e infeliz. Algo está mal, y mientras más tiempo trates de «amarte» en vez de percatarte de aquello, más tiempo vas a sufrir.

El acto más grande de amor propio

es no aceptar por más tiempo una

vida con la que eres infeliz. Es ser

capaz de establecer el problema sin

rodeos y de forma directa.

Eso es precisamente lo que necesitas para continuar desarraigando de verdad tu vida y transformándola. Es el primer paso hacia un cambio real.

Toma una hoja de papel y una pluma, y apunta todo aquello con lo que no eres feliz. Escribe a detalle todos y cada uno de los problemas que enfrentas. Si tienes dificultades con tus finanzas, necesitas un panorama muy claro de lo que está mal. Anota cada deuda, cada factura, cada activo y cada ingreso. Si padeces con tu autoimagen, escribe con precisión qué es lo que no te gusta de ti. Si el problema es la ansiedad, apunta todo aquello que te incomoda o te molesta.

Primero, y antes que nada, debes salir del estado de negación y tener claridad de lo que está realmente mal. En este punto, tienes dos opciones: puedes hacer las paces o puedes comprometerte a cambiar. La persistencia es lo que te mantiene atorado.

EL CAMINO EMPIEZA JUSTO
DONDE TE ENCUENTRAS AHORA

Si sabes que necesitas un cambio en tu vida, está bien si te encuentras lejos de tu meta o si aún no tienes idea de cómo la alcanzarás.

Está bien si estás empezando desde cero.

Está bien si estás tocando fondo y aún no encuentras cómo abrirte paso.

Está bien si estás al pie de tu montaña y has fallado cada vez que has tratado de conquistarla.

Muy a menudo, cuando tocamos fondo es cuando comenzamos nuestro camino de sanación. Esto no se da porque de pronto veamos la luz, ni porque nuestros peores días se transmuten por obra de magia en una especie de epifanía, ni tampoco porque alguien nos salve de nuestra propia necedad. Tocar fondo se vuelve un punto de inflexión, porque es solo en ese momento que la mayoría de las personas piensa: «No quiero volver a sentirme así nunca más».

Ese pensamiento no es solo una idea; es una declaración y una resolución. Dentro de las cosas que puedas experimentar, es una de las que más repercuten en tu vida. Se vuelve la base sobre la cual construyes todo lo demás.

Cuando decides que en verdad nunca quieres volver a sentirte de cierta manera, emprendes un camino de autoconciencia, aprendizaje y crecimiento que te lleva a reinventar por completo quien eres.

En ese momento, la culpa pasa a ser irrelevante. Dejas de estarle dando vueltas a quién hizo qué o cómo te perjudicaron. En ese momento, solo te guía la certeza de que, no importa lo que cueste, «nunca aceptaré que mi vida llegue a este punto de nuevo».

Tocar fondo no es tener un mal día. No ocurre por casualidad. Llegamos a tocar fondo solo cuando nuestros hábitos se empiezan a empalmar entre sí, cuando nuestros mecanismos de afrontamiento se han salido tanto de control que ya no podemos contener más los sentimientos que estamos tratando de ocultar. Tocar fondo es cuando por fin nos enfrentamos a nosotros mismos, cuando todo ha ido tan mal que solo nos queda darnos cuenta de que solo hay un único denominador común en todo.

Debemos sanar. Debemos cambiar. Debemos escoger darnos la vuelta para que nunca nos volvamos a sentir así de nuevo.

Cuando tenemos un día desganado, no pensamos: «No quiero sentirme así nunca más». ¿Por qué? Porque no es divertido aunque tampoco es insoportable. Y, sobre todo, de alguna forma estamos conscientes de que los pequeños fracasos son parte normal de la vida; somos imperfectos, pero hacemos nuestro mejor esfuerzo, y ese vago malestar terminará por pasar.

No llegamos a nuestro límite porque una o dos cosas vayan mal. Llegamos a nuestro límite cuando al fin aceptamos que el problema no es cómo es el mundo sino cómo somos nosotros. Esta es una bella reflexión para tener en cuenta. Ayodeji Awosika describe su propia reflexión así: «Debes encontrar la forma más pura de estar harto. Hacer que duela. Yo literalmente grité: "¡Carajo! ¡No voy a vivir así nunca más!"».

Los seres humanos se guían por la comodidad. Permanecen cerca de lo que sienten familiar y rechazan lo que es extraño, incluso si de manera objetiva es mejor para ellos.

Sea como sea, la mayoría de las personas no cambian de verdad sus vidas hasta que no cambiar se vuelve la opción menos cómoda. Esto significa que en realidad no aceptan la dificultad de alterar sus hábitos hasta que simplemente no tienen opción. Permanecer donde se encuentran no es viable. Ya no pueden siquiera pretender por más tiempo que es deseable de alguna manera. Honestamente, más que tocando fondo, están atoradas entre una roca que les está afectando y una ardua escalada desde abajo de ella.

Si realmente quieres cambiar tu vida, permite que te consuma la rabia: no hacia los demás, no con el mundo, sino contigo mismo.

Enójate, ten determinación y enfócate en una sola cosa: que no seguirás siendo como hasta ahora.

PREPARARSE PARA EL CAMBIO RADICAL

Una de las mayores razones de que las personas no hacen un trabajo interno importante es que reconocen que, si se sanan, sus vidas cambiarán —a veces, de forma drástica—. Si aceptan lo infelices que son, significa que por un tiempo tendrán que sentir más malestar, vergüenza o temor en lo que vuelven a empezar.

Estemos seguros de algo: ponerle fin a tu conducta de autosabotaje en verdad significa que el cambio se vislumbra en el horizonte.

Tu nueva vida te costará tu antigua versión de ti mismo.

Te costará tu zona de confort y tu sentido de la orientación.

Te costará tus relaciones y tus amigos.

Te costará el caer bien y el que te comprendan.

No importa.

Las personas que están destinadas para ti te encontrarán del otro lado. Construirás una nueva zona de confort en torno a aquello que de verdad te impulsa a avanzar. En vez de agradar, serás amado. En vez de que te comprendan, serás mirado.

Todo lo que perderás se construyó para una persona que ya no eres.

Mantenerte apegado a tu antigua vida es el primer y último acto de autosabotaje, y debemos prepararnos a soltarla para estar verdaderamente dispuestos a ver un cambio real.

CAPÍTULO 2

NO EXISTE TAL COSA COMO EL AUTOSABOTAJE

CUANDO TE ACOSTUMBRAS a hacer cosas que impulsan tu vida a avanzar, las llamas talentos. Cuando estas no dejan que tu vida avance, las llamas autosabotaje. Ambas, en esencia, desempeñan la misma función.

A veces, ocurre por accidente. A veces, solo nos acostumbramos a vivir de cierta manera y no alcanzamos a ver lo diferente que podría ser la vida. A veces, tomamos determinadas decisiones porque no sabemos cómo tomar otras mejores, o ignoramos incluso que algo más es posible. A veces nos conformamos con lo que nos dan porque no sabemos que podemos pedir más. Otras veces ponemos nuestras vidas en piloto automático por tanto tiempo que comenzamos a creer que no tenemos otra opción.

Sin embargo, la mayor parte del tiempo esto no es nada accidental. Los hábitos y conductas en los que no puedes evitar caer —sin importar qué tan destructivos o limitantes puedan ser— están diseñados de forma inteligente por tu inconsciente para cubrir una necesidad insatisfecha, una emoción desplazada o un deseo ignorado.

Vencer el autosabotaje no se trata de ingeniárselas para superar tus impulsos, sino de determinar, en primer lugar, por qué esos impulsos existen.

Muchas veces se malinterpreta el autosabotaje como si fuera una forma en que nos castigamos, nos ridiculizamos o nos lastimamos de manera intencional. A primera vista, esto parece bastante cierto. El autosabotaje es comprometerse a seguir una dieta más saludable y encontrarte unas horas más tarde deteniendo el coche en la ventanilla de una sucursal de comida rápida. Es identificar un nicho de mercado, concebir una idea de negocios genial y sin precedentes, y luego «distraerte» y olvidar llevarla a cabo. Es tener pensamientos extraños y aterradores, y dejar que te paralicen frente a importantes cambios o momentos cruciales en tu vida. Es saber que tienes mucho por lo cual estar agradecido y emocionado, y de todos modos preocuparte.

Con frecuencia atribuimos de manera errónea estas conductas a una falta de inteligencia, de fuerza de voluntad o de capacidad. Ese no es el caso, por lo general. El autosabotaje no es una forma de lastimarnos a nosotros mismos, sino una forma en que tratamos de protegernos.

¿QUÉ ES EL AUTOSABOTAJE?

El autosabotaje es cuando tenemos dos deseos contradictorios. Uno consciente y el otro inconsciente. Sabes cómo quieres avanzar en tu vida, y aun así sigues atorado por alguna razón.

Cuando estás atravesando por conflictos graves e insuperables en tu vida —en especial cuando las soluciones parecen tan simples, tan fáciles, y aun así imposibles de seguir—, no tienes grandes problemas sino grandes apegos.

Las personas son increíbles por el hecho de que, básicamente, hacen lo que quieren.

Esto es cierto para todo en la vida humana. Sin importar las posibles consecuencias, la naturaleza humana ha demostrado ser increíblemente egoísta. Las personas tienen una forma casi sobrehumana de hacer lo que se sienten obligadas a hacer, sin importar quién pueda salir lastimado, qué guerras se puedan desatar o qué futuro se pondría en riesgo. Cuando consideras esto, empiezas a darte cuenta de que, si estás manteniendo algo en tu vida, debe haber una razón por la cual quieres que esté ahí. La única pregunta es: ¿por qué?

Algunas personas no logran entender por qué no pueden motivarse lo suficiente para crear un nuevo negocio que les facilite su objetivo de volverse bastante más ricas, quizá sin percatarse de que tienen la creencia inconsciente de que ser rico es ser egocéntrico o caer mal. O quizás en realidad no quieren ser tan ricas. A lo mejor es una forma de blindarse porque necesitan sentirse seguras y «cuidadas», o su verdadero deseo es ser reconocidas por su arte y, como esto parece muy improbable de que suceda, caen de nuevo en un sueño secundario que en realidad no las motiva.

Algunas personas dicen que quieren ser exitosas cueste lo que cueste y, aun así, no quieren dedicar las horas de trabajo que tomaría llegar hasta ahí. Quizás es porque comprenden, a cierto nivel, que ser «exitoso» no forzosamente te hace feliz ni querido. De hecho, tiende a ocurrir lo contrario. El éxito, por lo general, te expone a los celos y al escrutinio. Las personas exitosas no son tan amadas como imaginamos. Comúnmente se les desacredita porque la gente envidiosa necesita humanizarlas de alguna forma. Quizás, en vez de ser «exitosos», lo que muchos en realidad desean solo es ser amados y, sin embargo, su ambición de éxito es una amenaza directa contra eso.

Algunas personas no logran entender por qué siguen eligiendo las relaciones «incorrectas», personas cuyos patrones de rechazo, abuso o miedo al compromiso parecen ser consistentes. Quizá no se dan cuenta de que, en realidad, están reproduciendo la dinámica de relación que experimentaron cuando eran jóvenes, porque asocian el amor con la pérdida o el abandono. A lo mejor quieren reproducir relaciones familiares en las que se sintieron impotentes, pero vivirlas de nuevo ahora como adultos, donde puedan ayudar a sanar al adicto, al mentiroso o al que se siente devastado.

Cuando se trata de conductas de autosabotaje, debes entender que a veces es fácil apegarse a los problemas.

Ser exitoso puede hacer que seas menos querido.

Encontrar el amor puede hacerte más vulnerable.

Volverte menos atractivo puede protegerte.

Ser evasivo te permite escapar al escrutinio.

Procrastinar te regresa a un lugar cómodo.

Todas las formas en que te estás saboteando son en realidad formas en que alimentas una necesidad que probablemente ni siquiera te das cuenta que tienes. Superar esa necesidad no es solo cuestión de aprender a entenderte mejor, sino de tomar conciencia de que tus problemas no son problemas: son síntomas.

No puedes deshacerte de los mecanismos de afrontamiento y creer que has resuelto el problema.

¿QUÉ ASPECTO TIENE
EL AUTOSABOTAJE?

Es imposible decir de manera contundente qué aspecto tiene o no el autosabotaje, pues ciertos hábitos o conductas que pueden ser saludables para una persona, en otro contexto pueden ser dañinos.

Dicho lo anterior, hay en definitiva algunas conductas y patrones específicos que son indicios típicos del autosabotaje. Por lo regular tienen que ver con estar consciente de que hay un problema en tu vida, y a pesar de todo sentir la necesidad de prolongarlo. Aquí tenemos algunas de las principales señales de que probablemente te encuentras en un ciclo de autosabotaje.

RESISTENCIA

La resistencia ocurre cuando tenemos un proyecto nuevo en el que necesitamos trabajar y simplemente no nos decidimos a hacerlo. Es cuando iniciamos una nueva relación maravillosa y luego nos la pasamos abandonando los planes. Es cuando tenemos una excelente idea para nuestro negocio y luego nos sentimos tensionados y molestos cuando llega el momento de sentarse y ponerse a trabajar.

A menudo sentimos resistencia ante lo que va bien en nuestras vidas, no ante lo que va mal. Cuando tenemos un problema que resolver, por lo común no encontramos resistencia por ningún lado. Pero, cuando tenemos algo que disfrutar, crear o construir, estamos accediendo a una parte de nosotros que está tratando de prosperar, no solo de sobrevivir, y lo desconocido puede ser abrumador.

Cómo resolverlo

La resistencia es tu manera de ir más despacio y cerciorarte de que es seguro apegarse a algo nuevo e importante. En otros casos, también puede ser una señal de advertencia de que algo no está muy bien y quizá debas retroceder y reorganizarte.

La resistencia no es lo mismo que la procrastinación o la indiferencia y no debería ser tratada igual. Cuando experimentamos resistencia, siempre es por algo y debemos estar atentos. Si nos obligamos a actuar ante esta, el sentimiento usualmente se intensifica pues estamos fortaleciendo el conflicto interno y disparando el miedo que nos detiene en primer lugar.

En cambio, liberar la resistencia requiere que cambiemos nuestro enfoque. Tenemos que estar seguros de qué queremos, así como de cuándo y por qué lo queremos. Tenemos que identificar las creencias inconscientes que nos impiden presentarnos a trabajar, y entonces tenemos que regresar al trabajo cuando nos sintamos motivados.

Querer es el pasaje de entrada para presentarnos después de la resistencia.

ALCANZAR TU LÍMITE SUPERIOR

Como dije más arriba, la mayoría de nosotros solo nos permitimos sentir cierto grado de felicidad. Gay Hendricks lo llama tu «límite superior».

Tu límite superior es, en esencia, el grado de «bienestar» con el que te sientes cómodo en tu vida. Es tu umbral de tolerancia a tener sentimientos positivos o experimentar situaciones positivas.

Cuando empiezas a sobrepasar tu límite superior, comienzas a sabotear de manera inconsciente lo que está sucediendo para regresar a lo que te es cómodo y familiar. Para algunas personas, esto se manifiesta con síntomas físicos, a menudo en forma de dolores, jaquecas o tensión física. Para otras, se manifiesta en lo emocional como resistencia, enojo, culpa o miedo.

Podría parecer por completo contraintuitivo, pero en realidad no estamos configurados para ser felices, sino para estar cómodos, y todo lo que está fuera de ese campo de comodidad se siente amenazador o da miedo hasta que nos es familiar.

CÓMO RESOLVERLO

Alcanzar tu límite superior es una muy buena señal. Significa que estás alcanzando y sobrepasando nuevos niveles en tu vida, y eso amerita, antes que nada, una autofelicitación. La forma de resolver un problema de límite superior es aclimatándote poco a poco a tu nueva «normalidad».

En vez de forzarte a realizar grandes cambios mediante una sacudida, permítete ajustarte y adaptarte despacio. Al tomarlo con calma, te estás permitiendo reincorporar de forma gradual una nueva zona de confort alrededor de lo que quieres que sea tu vida. Con el tiempo, desplazarás poco a poco tu línea base hacia un nuevo estándar.

DESARRAIGO

El desarraigo ocurre cuando alguien brinca de una relación a otra, o se la pasa cambiando la página web de su negocio una y otra vez, cuando lo que necesita realmente es concentrarse en resolver los problemas de su relación en el momento que estos surgen, o encargarse de los clientes que ya tiene. Al desarraigarte no te permites florecer, solo te sientes cómodo con el proceso de brotar.

Puede ser la necesidad constante de un «nuevo inicio», que a menudo es el resultado de no manejar de forma sana el estrés o de tener dificultades para resolver conflictos. El desarraigo puede ser una forma de desviar tu atención de los verdaderos problemas en tu vida; ya que, en vez de concentrarte en ellos, lo ocupas en reestablecerte en un nuevo trabajo o lugar de residencia.

Al final, el desarraigo significa que siempre te la pasas comenzando un nuevo capítulo sin terminarlo nunca. A pesar de tus esfuerzos por avanzar, terminas más atorado que antes.

Cómo resolverlo

Primero, reconoce el patrón.

Uno de los principales síntomas del desarraigo es no darse cuenta de lo que uno hace. Por eso, el paso más importante es tomar conciencia de lo que te ocurre. Haz un recuento de tus últimos cinco años: ¿a cuántos lugares te has mudado o en cuántos has trabajado? Entonces, determina qué te está alejando de cada cosa nueva que encuentras.

Luego, necesitas estar seguro de lo que quieres en realidad. A veces, el desarraigo se da porque nos precipitamos a obtener lo que creemos que queremos, solo para darnos cuenta de que no reflexionamos y en realidad no lo queríamos tanto. La claridad es la llave, porque estás pensando a largo plazo. ¿Cómo sería escoger un lugar para vivir y estrechar lazos ahí? ¿Cómo sería trabajar en el mismo lugar y ascender de puesto o hacer crecer tu negocio?

Recuerda que sanarse de un patrón de desarraigo no se trata de conformarse con algo que no quieres, ni se trata de permanecer en una situación insegura o poco sana porque no quieres moverte otra vez. Se trata de tener seguridad y determinación sobre cuál es el camino correcto para ti y, entonces, hacer un plan acerca de cómo puedes prosperar, no solo sobrevivir. Cuando llegue el momento en que por lo general huirías, afronta el malestar y quédate donde estés. Descifra por qué te incomoda apegarte a una u otra cosa, y determina cómo sería para ti un apego sano.

PERFECCIONISMO

Cuando esperamos que nuestro trabajo quede perfecto a la primera, terminamos entrando en un ciclo de perfeccionismo.

El perfeccionismo no es en realidad querer que todo esté bien. No es algo bueno. De hecho, es un obstáculo, porque crea expectativas poco realistas acerca de lo que somos capaces o de cuáles podrían ser los resultados en nuestras vidas.

El perfeccionismo nos impide presentarnos y hacer el trabajo verdaderamente importante en nuestras vidas. Esto ocurre porque, cuando tenemos miedo de fallar o de sentirnos vulnerables, o de no ser tan buenos como queremos que otros piensen, terminamos evitando el trabajo que se requiere para, en efecto, volvernos así de buenos. Nos saboteamos porque es la buena disposición a presentarnos y simplemente hacer el trabajo, una y otra y otra vez, lo que al final nos conduce a la maestría.

CÓMO RESOLVERLO

No te preocupes por hacerlo bien, solo hazlo.

No te preocupes por escribir un *bestseller,* tú solo escribe. No te preocupes por lograr un éxito ganador del premio Grammy, tú solo haz música. No te preocupes por fallar, solo sigue presentándote e intentando. Al principio, lo único que importa es que hagas lo que realmente quieres hacer. A partir de ahí, puedes aprender de tus errores y con el tiempo llegar al lugar donde de verdad quieres estar.

Lo cierto es que en realidad no realizamos grandes hazañas cuando nos preocupa si lo que hacemos será en verdad algo impresionante y revolucionario, o no. Este tipo de hazañas las obtenemos cuando simplemente nos presentamos y nos permitimos crear algo significativo e importante para nosotros.

En vez de centrarte en la perfección, enfócate en el progreso. En vez de centrarte en obtener algo perfecto, solo enfócate en hacerlo. A partir de ahí, podrás editarlo, ampliarlo, hacerlo crecer y desarrollarlo precisamente de acuerdo con tu visión. Pero, si no empiezas, nunca llegarás.

HABILIDADES LIMITADAS
DE PROCESAMIENTO EMOCIONAL

En la vida, te toparás con personas, situaciones y circunstancias que serán molestas, exasperantes, tristes y que incluso te enfurecerán. Asimismo, encontrarás personas, situaciones y circunstancias que te motivarán, serán esperanzadoras y benévolas, y que darán un propósito y significado a tu vida.

Cuando solo eres capaz de procesar la mitad de tus emociones, tú mismo te frenas. Empiezas a desviarte de tu camino para evitar cualquier posible situación que pudiera hacer surgir algo frustrante o incómodo, porque no tienes los recursos para manejar dicho sentimiento. Esto significa que empiezas a evadir los riesgos y acciones que, a fin de cuentas, mejorarían tu vida.

La inhabilidad para procesar tus emociones significa que te quedas atorado en ellas. Te sientas y le das vueltas a tu ira y tu tristeza porque no sabes cómo hacer que se vayan. Cuando solo podemos procesar la mitad de nuestras emociones, al final solo vivimos la mitad de la vida que en realidad queremos vivir.

CÓMO RESOLVERLO

Un procesamiento emocional sano es muy diferente en cada quién, pero en general involucra los siguientes pasos:

- Ten claro qué pasó.
- Valida tus sentimientos.
- Define una corrección de rumbo.

Primero, necesitas comprender por qué estás molesto o por qué algo te está molestando tanto. Sin esa claridad, seguirás perdiendo tu tiempo devanándote la cabeza con los detalles sin llegar a entender qué es lo que tanto te lastima.

Luego, tienes que validar cómo te sientes. Reconoce que no estás solo; cualquiera en tu situación seguro se sentiría de forma similar (y lo hace), y que eso que sientes está absolutamente bien. Al hacer esto, puedes permitirte tener una liberación física como llorar, temblar, registrar en un diario lo que sientes, o hablarlo con un amigo de confianza.

Una vez que tienes claro lo que está mal y te has permitido expresar por completo la magnitud de tus emociones, puedes definir cómo vas a modificar tu conducta o tu proceso de pensamiento, de tal modo que obtengas un resultado que de verdad quieras para tu futuro.

JUSTIFICACIÓN

Tu vida, a fin de cuentas, se mide por tus logros, no por tus intenciones. No se trata de lo que querías hacer o habrías hecho, pero no tuviste el tiempo. No se trata de por qué pensabas que no podías; es solo si en efecto lo hiciste o no. Cuando te encuentras en un patrón de autosabotaje, en general estás tratando esas excusas como si fueran resultados medibles: las estás usando para sentirte satisfecho por un momento, como un reemplazo del logro mismo.

Cuando tenemos una meta, un sueño o un plan, no hay medida para la intención. Solo es si lo hiciste o no. Cualquier otra razón que des para no presentarte y hacer el trabajo simplemente muestra que le das prioridad a esa razón por encima de tu ambición más grande, lo que significa que siempre tendrá preferencia en tu vida.

También puede que estés apoyándote en excusas para alejarte de sentimientos incómodos que, a fin de cuentas, son necesarios para tu crecimiento.

CÓMO RESOLVERLO

Empieza a medir tus logros y enfócate en hacer al menos una cosa productiva por día.

Ya no se trata de cuántos días querías en realidad ir al gimnasio, sino de cuántos días fuiste. Ya no se trata de querer apoyar a tus amigos, sino de si lo hiciste o no. Ya no se trata de las grandes ideas que tuviste para renovar tu negocio, sino de si las llevaste a cabo o no.

Deja de aceptar tus propias excusas. Deja de ser complaciente con tus propias justificaciones. Comienza a medir tus días por cuantas cosas saludables y positivas lograste, y verás lo rápido que empiezas a tener avances.

DESORGANIZACIÓN

Al dejar nuestras vidas y espacios en total desorden, no solo estamos olvidando irreflexivamente ocuparnos de nuestro entorno. De hecho, con frecuencia estamos creando caos y distracciones que cumplen un propósito inconsciente.

Un espacio limpio y organizado —tanto para el trabajo como para vivir— es esencial para prosperar. Esto significa un hogar ordenado, ropa que es fácil tener a la mano y juntar cada mañana, una cocina limpia y un escritorio organizado. El papeleo debería estar archivado en un espacio, tu habitación debería transmitir calma y todo debería tener un «hogar» al cual regresar al final del día.

Sin limpieza, creamos menos oportunidades para nosotros. Nada bello ni positivo fluye del caos. En el fondo, lo sabemos. A menudo, cuando nos autosaboteamos a través de la desorganización es porque, cuando somos muy limpios u organizados, tenemos una sensación de intranquilidad. Esa sensación de intranquilidad es lo que estamos tratando de evitar, porque es el reconocimiento de que, ahora que todo está en orden, debemos ponernos a trabajar para hacer lo que necesitamos o queremos llegar a ser.

Cuando dejamos nuestros espacios en desorden, estamos siempre a unas cuantas tareas o pendientes de salir y presentarnos.

CÓMO RESOLVERLO

Como cualquier cosa, necesitas comenzar despacio y adaptarte con el tiempo. Para quitar lo innecesario y reorganizar, empieza por una habitación, y, si eso fuera mucho, intenta con una esquina, un cajón o el clóset. Trabaja en eso, y solo en eso. Luego implementa una rutina que mantenga los espacios organizados.

A partir de ahí, comienza a arreglar tu espacio de modo que funcione para ti, no contra ti. Coloca en tu buró algo relajante, como un difusor, o diseña un calendario familiar que ubiques en la cocina para que las actividades y horarios de todos estén a la vista de los demás. Si tienes problemas con el correo desorganizado, diseña un sitio en el que se concentre cada vez que este llegue. Si tienes problemas para lavar la ropa porque eres desorganizado, desarrolla un sistema para ello, fija un día o dos para lavar y hazlo en grandes cantidades.

Poco a poco, debes darte la oportunidad de acostumbrarte a trabajar en un escritorio limpio, y con el tiempo se volverá parte de ti. Empezarás a darte cuenta de que te sentirás mucho menos estresado y mucho más en control de tu vida.

Es muy difícil mostrarse como la persona que quieres ser cuando estás rodeado de un ambiente que te hace sentir como quien no quieres ser.

APEGO A LO QUE EN REALIDAD NO QUIERES

A veces, adoptas tus sueños de vida a partir de las preferencias de otras personas. En otros casos, tú determinas lo que quieres y luego dejas atrás tus ambiciones anteriores.

A veces no dejamos de luchar tratando de querer algo que en realidad no deseamos y siempre nos quedamos vacíos, pues no es un deseo genuino. Esto es diferente a carecer de motivación o experimentar resistencia. Nuestra incapacidad para actuar no está basada en el miedo o en una falta de habilidad, sino en un conocimiento inherente de que esto no es lo que queremos para nuestras vidas, y quizá sentimos que estamos perdidos o somos incapaces de cambiar nuestro camino.

Cuando te encuentras luchando con algo, tienes que preguntarte: «¿De verdad quiero hacer esto?». ¿Quieres tomar este trabajo o solo te gusta cómo suena el título? ¿Estás enamorado de esa persona o solo te gusta la idea de tener una relación? ¿Aún te aferras a una idea pasada de cuál será tu mayor éxito? y, si es así, ¿cómo sería dejarlo ir?

A fin de cuentas, el autosabotaje a veces funciona para mostrarnos que aún no vamos del todo por el camino adecuado y que necesitamos reevaluar para determinar qué nos parecería mejor para nuestras vidas, aun cuando esto implique decepcionar a algunas personas o incluso a la versión más joven de nosotros mismos.

No tenemos que vivir el resto de nuestras vidas tratando de alcanzar algún grado de éxito que creíamos que era el ideal cuando éramos demasiado jóvenes para entender siquiera quiénes éramos. Nuestra única responsabilidad es decidir por la persona en que nos hemos convertido.

CÓMO RESOLVERLO

Ten la voluntad de aceptar que quizá tu «historia de éxito» no es como alguna vez pensaste que podía ser.

Quizás el tipo de éxito que en realidad persigues es sentirte en paz cada día, o hacer que tu vida se trate de viajar en vez de trabajar. Tal vez gira en torno a tener amistades prósperas o una relación feliz de pareja. A lo mejor no quieres quedarte siempre en el mismo negocio al que entraste hace 10 años. Tal vez el trabajo que pensaste que te encantaría no está llegando tan fácil como estabas esperando.

Cuando dejamos ir lo que no es adecuado para nosotros, hacemos espacio para descubrir qué sí lo es. Sin embargo, hacerlo requiere de un tremendo valor para poner nuestro orgullo a un lado y ver las cosas como son en realidad.

JUZGAR A OTROS

Todos sabemos que chismear o juzgar la vida y las decisiones de otras personas no es una forma sana o positiva de conectar con los demás. Sin embargo, hace mucho más daño del que somos conscientes, pues pone barreras a nuestro propio éxito.

Si nos sentimos mal por no ser tan exitosos como otra persona, podríamos tratar de encontrar algo negativo de ella para hacernos sentir mejor. Si hacemos eso cada vez que nos cruzamos con alguien que es más exitoso que nosotros, comenzamos a asociar el tener ese nivel de éxito con ser alguien que cae mal. Cuando nos llegue el momento de actuar para avanzar en nuestras vidas, nos resistiremos a hacerlo, porque volvernos más exitosos fracturará nuestro autoconcepto.

En otros casos, es posible que hayas escuchado a personas con las que creciste etiquetar como villanos a otros que tenían dinero. Puede que hayan dicho cosas como: «Ash, los ricos son lo peor». Quizá les hayan atribuido a todos los ricos el ser moralmente corruptos. Esta caracterización generalizadora se selló en tu inconsciente y ahora te encuentras saboteando tus propios intentos de tener finanzas saludables, porque lo asocias con la culpa y con ser alguien que cae mal.

Cuando establecemos juicios para otros, se vuelven normas bajo las que debemos regirnos también. Al juzgar a otros por lo que tienen o dejan de tener, o porque los envidiamos, saboteamos nuestras propias vidas mucho más de lo que en realidad lastimamos a cualquier otra persona.

CÓMO RESOLVERLO

Muchas personas dicen que primero debes amarte a ti mismo antes de que puedas amar a los demás; pero en realidad, si aprendes a amar a los demás, aprenderás a amarte a ti mismo.

Practica no juzgar a través del no asumir. En vez de sacar una conclusión de alguien basándote en la limitada información que tienes de él o ella, considera que no estás viendo el panorama completo y no conoces toda la historia.

Cuando eres más compasivo respecto a las vidas de los demás, te vuelves más compasivo con la tuya misma. Cuando ves a alguien que tiene algo que tú quieres, felicítalo, aun cuando al principio parezca difícil. Esto se te regresará y abrirá la posibilidad de que también lo obtengas.

ORGULLO

El orgullo está implicado con frecuencia en muchas de nuestras peores decisiones.

A veces sabemos que una relación está mal, pero la vergüenza de irse parece peor que quedarse. Otras veces, comenzamos un negocio y nos percatamos de que en realidad no nos gusta tanto, o nos rehusamos a aceptar que necesitamos cambiar o pedir ayuda. En estos casos, nuestro orgullo se está interponiendo en nuestro camino. Estamos tomando decisiones basados en cómo imaginamos que la gente percibe nuestras vidas, no en cómo son estas en realidad. Esto no solo es impreciso, sino también muy poco sano.

Cómo resolverlo

Para superar nuestro apego al orgullo, tenemos que empezar a vernos a nosotros mismos de manera más integral y honesta.

En vez de creer que necesitamos probarle a todos los que nos rodean lo perfectos e intachables que somos, podemos pensarnos de manera más realista: como personas que, a pesar de nuestras debilidades, intentamos dar lo mejor. Al final, parece mucho peor aferrarse a lo que está mal porque te importa el qué dirán que dejarlo ir porque eso es lo correcto para ti. Las personas te respetarán mucho más si puedes admitir que eres una persona imperfecta —como todos los demás— que aprende, se adapta e intenta dar lo mejor de sí.

Cuando alcanzas esta mentalidad, también te abres al aprendizaje. Al no asumir que lo sabes todo o que necesitas parecer perfecto, puedes reconocer cuando te equivocas, pedir ayuda y apoyarte en los demás. De esta manera, básicamente te abres de nuevo al crecimiento y tu vida mejorará a largo plazo.

SENTIR CULPA DEL ÉXITO

En un mundo con tanto dolor, tanto horror y tanta desventura, ¿quiénes nos creemos que somos para tener vidas felices y abundantes?

Ese es el proceso de pensamiento por el que atraviesan muchas personas. Una de las barreras mentales más grandes que la gente enfrenta es la culpa que surge de tener al fin lo suficiente o más de lo necesario. Esto puede venir de causas muy diferentes, pero a fin de cuentas se reduce a sentirte como si «no merecieras» tenerlo.

Este sentimiento a menudo surge cuando empezamos a ganar más dinero o a tener cosas de mejor calidad. Con frecuencia, las personas sabotearán el aumento de sus ingresos gastando a discreción y sin prudencia, o estando menos pendientes de su clientela o su carga de trabajo, porque no se sienten muy cómodos teniendo más que las necesidades básicas, y por ello vuelven a buscar un sentimiento cómodo de carencia.

Cuando se trata del éxito, la culpa es por desgracia una emoción común, en especial para las personas de buen corazón que quieren hacer lo correcto y vivir una vida auténtica.

CÓMO RESOLVERLO

Por favor, toma en cuenta que la mayoría de las personas que son extremadamente exitosas no tienen culpa de ningún tipo. De hecho, este sentimiento por lo general solo surge cuando estás en el paso entre no tener lo suficiente y tenerlo finalmente.

Debes darte cuenta de que el dinero y el éxito son herramientas. Te hacen ganar tiempo y te ofrecen la oportunidad de ayudar, dar empleo, influir y cambiar las vidas de otros. En vez de ver tu éxito como una condición diferenciadora —que siempre te hará sentir mal e incómodo—, velo como una herramienta con la que puedes realizar cosas importantes y positivas tanto en el mundo como en tu propia vida.

MIEDO A FALLAR

¿Qué tan seguido ni siquiera intentamos llevar algo a cabo por temor a vernos mal o fallar al instante?

El miedo a fallar es a menudo algo que refrena a las personas de realizar el trabajo que necesitan para llegar a ser grandiosas en algo, pero también puede tomar otro aspecto más insidioso. Una vez que hemos establecido algo nuevo en nuestras vidas, este miedo puede aparecer como una constante preocupación irracional de que se nos esté «escapando algo», de que nuestra pareja esté siendo infiel o de que estemos a un paso en falso de perderlo todo.

Estos pensamientos catastróficos ocurren cuando queremos protegernos de una pérdida potencial. Solo surgen cuando al fin hay algo que nos importa lo suficiente y que en verdad queremos conservar.

CÓMO RESOLVERLO

Fallar porque estás intentando algo nuevo y arriesgado es distinto a fallar porque no te presentas ni haces el trabajo, ni te responsabilizas de tus acciones.

Son dos experiencias muy diferentes y deberían estar separadas en tu mente.

Por aterrador que pudiera ser el hecho de no ser grandioso en algo al principio, o incluso sufrir una pérdida, es aún peor fallar por no haber intentado nunca nada y ser siempre evasivo. El fracaso es inevitable, pero tienes que asegurarte de que está ocurriendo por las razones correctas.

Cuando fallamos por negligencia, retrocedemos un paso. Cuando fallamos porque estamos intentando nuevas hazañas, nos acercamos un paso a lo que va a funcionar.

MINIMIZAR

Cuando restamos importancia a nuestros triunfos en la vida, o estamos tratando de hacernos ver menos impresionantes para que los demás no se sientan amenazados y entonces nos quieran más, o bien estamos tratando de evitar la sensación de que lo hemos «logrado», porque tenemos miedo de alcanzar nuestra cima.

Aunque muchos de nosotros ansiamos el momento de sentir que al fin hemos llegado y alcanzado el grado de éxito que tanto deseamos, cuando lo recibimos, a menudo sentimos que este no es tan grandioso ni tan impresionante, o que no nos hace sentir tan bien como creíamos que lo haría.

Esto pasa porque lo minimizamos. La idea de haber «logrado» algo hace que el hecho de estar alcanzando la cumbre nos atemorice y que, por lo tanto, caigamos desde ahí. Si reconocemos que la hemos alcanzado, ¿qué metas nos quedan? Es una sensación semejante a la muerte, así que, en vez de ello, encontramos otro grado de éxito por el cual trabajar.

De igual forma, cuando estamos con otras personas, no nos mantenemos firmes en nuestro orgullo, porque nos han enseñado que esto es algo malo (y, de hecho, lo es cuando se hace de manera poco sana). Tenemos la sensación de ser «mejores que» otros porque hemos logrado algo, y esto hace que nos sintamos incómodos porque sabemos que es una idea falsa y excesiva.

CÓMO RESOLVERLO

Todos podemos reconocer y apreciar los distintos logros y talentos de los demás y al mismo tiempo sentirnos felices por los propios. En vez de encogernos de hombros ante un cumplido, podemos responder diciendo: «Gracias, trabajé muy duro y estoy muy feliz de estar aquí».

Si el temor es que estamos llegando a la cima muy pronto, tenemos que reformar nuestra idea de progreso. No mejoramos solo para empeorar otra vez. No alcanzamos un logro solo para perderlo y regresar a nuestra situación anterior. Dicho instinto es una conducta de autosabotaje que quiere mantenernos dentro de nuestra antigua zona de confort.

En cambio, podemos reconocer que, cuando un aspecto de nuestra vida mejora, esto se extiende a todo lo demás. Cuando alcanzamos un logro estamos mejor equipados para el futuro. La vida tiende a mejorar poco a poco mientras seguimos trabajando en ello; solo empeora si al lograr algo nos detenemos porque nos intimida nuestro propio potencial.

HÁBITOS POCO SANOS

Esta es la forma más común en que la gente sabotea su propio éxito: conservando hábitos que la mantienen activamente alejada de sus metas.

Esto ocurre cuando alguien afirma que quiere estar en mejor forma, pero no cambia nada de su rutina diaria para favorecer tal propósito. O cuando quiere realizar un cambio profesional, pero encuentra maneras de hacer que esto le sea difícil, si no es que imposible.

Lo medular de estas conductas es que una parte de nuestra psique entiende que deberíamos estar evolucionando y avanzando en nuestras vidas, mientras que la otra se siente intimidada por el posible malestar que aquello podría suscitar. Por lo general, esto culmina en tanta tensión y frustración internas que se llega a un límite, y los cambios se hacen a partir de ahí.

Sin embargo, la meta es que no tengas que llegar a un punto crítico en tu vida para tomar conciencia de las formas en que te estás impidiendo vivir en paz y con bienestar.

CÓMO RESOLVERLO

Define *salud* en tus propios términos. ¿Cómo es una vida saludable para ti? ¿Cómo te haría sentir y qué estarías haciendo?

Es difícil tomar en cuenta solo la definición de saludable de otra persona, pues todos somos personas diferentes con necesidades, preferencias y horarios distintos.

En vez de ello, determina qué te hace sentir mejor. Decide qué combinación de dieta saludable, ejercicio y sueño es la correcta para ti y apégate a ella. Como tantas cosas, los hábitos sanos se establecen mejor de forma gradual. En vez de intentar forzarte a hacer una hora de gimnasio a las seis de la mañana, trata de hacer quince minutos, o tal vez cámbialo por una clase que en verdad disfrutes, o ve en un horario que se adapte mejor a tu agenda.

Póntela fácil para que tengas éxito. Prepara tus comidas o ten agua cerca de tu escritorio para que puedas darle sorbos en el transcurso del día. Condiciónate de nuevo a preferir hábitos sanos poco a poco, que en efecto se adapten a tu estilo de vida.

ESTAR «OCUPADO»

Otra forma muy común en que la gente se sabotea es poniéndose distractores al grado de estar por completo alejados de sus vidas.

Las personas que se la pasan «ocupadas» están huyendo de sí mismas.

Nadie está «ocupado» a menos de que quiera estar ocupado, y eso lo sabrás porque muchas personas con agendas bastante apretadas nunca se describirían a sí mismas de esa manera. Esto es porque estar «ocupado» no es una virtud: solo les muestra a los demás que no sabes cómo administrar tu tiempo o tus labores.

Estar ocupado da un mensaje de importancia; con frecuencia hace que parezcas un poco inalcanzable para los demás. También agobia al cuerpo para que solo pueda enfocarse en las tareas más inmediatas. Estar ocupado es la mejor forma de distraernos de lo que en verdad está mal.

CÓMO RESOLVERLO

Si tu agenda es imposible, nunca serás tan eficaz y productivo como podrías. Si este es el caso, tu primer trabajo tendrá que ser optimizar y priorizar tus labores en orden de importancia, delegar por fuera cualquier otra cosa que puedas y, entonces, soltar lo demás.

Si tu problema es que de manera intencional generas caos y ajetreo en tu día cuando no hay necesidad de ello, tienes que sentirte cómodo con la simplicidad y la rutina. Comienza por anotar los cinco principales pendientes que necesitas hacer cada día, y enfócate en sacar adelante esos y solo esos.

Puede que tengas que hacer frente a la sensación de «protección» que te da el estar ocupado. ¿Te hace sentir más importante que los demás? ¿Te da una excusa para decirle «no» a los planes o evitar a algunas personas? Necesitas buscar maneras más sanas y productivas de abordar estos sentimientos, tales como encontrar una genuina autoconfianza en lo que haces, creando algo de lo que estés orgulloso, o ser mejor al momento de establecer tus límites y necesidades en las relaciones sociales, de manera tranquila pero firme.

PASAR TIEMPO CON LAS PERSONAS EQUIVOCADAS

Es verdad que gran parte de nuestras vidas está moldeada por las personas con las que pasamos tiempo. Ahora bien, las compañías con las que uno anda son otra forma común en que la gente se autosabotea.

Ciertamente, puedes pensar en algunas personas en tu vida que te estresan, te hacen sentir inseguro y, sin embargo, te hacen volver por más. Estas relaciones existen en el extremo menos denso del espectro de toxicidad, pero, aun así, son contraproducentes.

Si te encuentras preocupado porque alguna amistad o relación en particular te está haciendo sentir casi adicto a la sensación de ser «menos que» o estar «celoso de», necesitas retirarte poco a poco de ahí. No tienes que ser grosero, brusco ni excluir a nadie de tu vida.

Sin embargo, sí necesitas entender que las personas con quienes pasas más tiempo determinarán tu futuro de manera irrevocable, y por eso debes elegirlas con sabiduría.

CÓMO RESOLVERLO

Construir un círculo de personas que te brinden apoyo y motivación, que tengan metas similares y disfruten pasar tiempo contigo. Deberías salir de las reuniones sintiéndote lleno de energía y motivado, no fatigado o enojado.

Encontrar tu grupo de amigos toma tiempo, y puede que no lo descubras todo al mismo tiempo. Esto podría comenzar por invitar a alguien que admiras a tomar un café, o buscar realizar alguna actividad con alguien con quien te gustaría retomar el contacto. Comienza a reconstruir tus vínculos despacio y de manera genuina, y luego refuérzalos y procúralos lo más que puedas.

PREOCUPARSE POR MIEDOS IRRACIONALES Y CIRCUNSTANCIAS POCO PROBABLES

Otra manera muy común en que la gente se sabotea sin darse cuenta es preocupándose por sus miedos a los peores escenarios.

Lo siguiente tal vez te resulte familiar, al menos hasta cierto punto: tienes un pensamiento raro o muy improbable que desata una intensa sensación de amenaza y miedo, y una serie de escenarios «apocalípticos» en tu cabeza. Entonces, vuelves ese pensamiento de manera recurrente hasta que este incluso llega a controlar parte de tu vida.

Los miedos irracionales, en especial los que menos probabilidades tienen de hacerse realidad, son a menudo aquellos en los cuales proyectamos nuestros verdaderos miedos.

Estos miedos irracionales son seguros porque, muy en el fondo, sabemos que no van a ocurrir. Son sustitutos, una manera de expresar los sentimientos que en realidad tenemos bajo la forma de algo que sabemos que no va a pasar.

Cuando te encuentres en un patrón cíclico de miedo, donde constantemente se repita alguna circunstancia o situación aislada con muy poca probabilidad de volverse realidad, ya sea extraña, casual o sin importancia, pregúntate si tienes algún sentimiento respecto a algo relacionado con eso que sea en verdad válido.

Por ejemplo, si te da ansiedad ir como pasajero en un coche, considera si tu miedo es a «avanzar» o a estar «fuera de control». O si sientes ansiedad ante la posibilidad de que te despidan de tu trabajo, en realidad tu miedo podría ser a la idea de no ser digno de otro trabajo o a ser humillado por un superior.

Cómo resolverlo

En vez de gastar toda tu energía tratando de controlar alguno de los peores escenarios, considera cuál puede ser el mensaje del miedo y qué te está diciendo que necesitas en tu vida.

Si el miedo fuera una metáfora abstracta, ¿cuál sería su significado? ¿Es la repentina pérdida de ingresos un símbolo de tu deseo de seguridad? ¿Es el miedo al futuro un símbolo de no estar viviendo con plenitud este momento? ¿Es tu ansiedad ante la toma de decisiones un símbolo de que sabes lo que quieres en realidad, pero estás muy atemorizado para elegirlo?

En el centro de lo que más tememos hay un mensaje que intentamos enviarnos acerca de lo que en realidad nos preocupa. Si podemos identificar lo que queremos proteger, podemos encontrar maneras más sanas y seguras de hacerlo.

CÓMO SABER SI ESTÁS EN UN PATRÓN CÍCLICO DE AUTOSABOTAJE

Aun si puedes entender de manera cognitiva las conductas de autosabotaje, a veces el cambio más difícil es reconocer que estamos cayendo en ellas.

De hecho, a veces las señales son tan sutiles que apenas se reconocen, y a menudo no las percibimos hasta que se vuelven extremadamente problemáticas o alguien más nos las hace notar. Algunos de los síntomas más prominentes del autosabotaje son los siguientes:

Te preocupas más por lo que no quieres que por lo que haces.

Pasas más tiempo de tu vida preocupándote, devanándote la cabeza y enfocándote en lo que esperas que no ocurra del que pasas imaginando, desarrollando estrategias y planeando lo que haces.

Pasas más tiempo tratando de impresionar a personas a las que no les agradas del que pasas con personas que te quieren por quien eres

Estás más enfocado en llegar a ser el tipo de persona que provoque la envidia de tus supuestos enemigos, en vez del tipo de persona a la que aman su familia y sus amigos, y a quienes pone como prioridad sin importar nada.

Estás jugando al avestruz

No conoces datos esenciales de tu vida, como la cantidad de dinero que debes o el sueldo de otras personas de tu área que desempeñan un trabajo similar. Cuando te enfrascas en una discusión, huyes hasta que se te olvida, en vez de hablar de lo que está mal y proponer una solución. En otras palabras, estás en negación, por lo que cualquier esperanza de sanar es vana.

Te importa más convencer a los demás de que estás bien a estarlo de verdad

Prefieres postear fotos que hagan parecer que te la pasaste genial a preocuparte por si en efecto la pasaste bien. Te esfuerzas más en tratar de convencer a todos de que te está yendo bien, en vez de ser honesto y conectar con personas que podrían ayudarte o apoyarte.

Tu principal prioridad en la vida es agradar, incluso a costa de tu felicidad

Piensas más si tus acciones te granjearán o no la aprobación de «la gente» (por cierto, ¿quiénes son «la gente»?), en vez de si realmente te harán sentirte realizado y contento con la persona que eres.

Tienes más miedo de tus emociones que de cualquier otra cosa

Si llegas al momento de la vida en que lo más aterrador y perjudicial que enfrentas es el miedo a si podrás manejar o no tus propias emociones, eres tú quien se interpone en su propio camino —ninguna otra cosa.

Persigues ciegamente las metas sin preguntarte por qué las quieres

Si estás haciendo «todo lo que se supone que debes hacer» y aún te sientes vacío y deprimido al final del día, el problema es que no estás haciendo lo que en realidad quieres; más bien, acabas de adoptar el guion de alguien más para la felicidad.

Estás tratando tu mecanismo de afrontamiento como el problema

En vez de incitar una guerra contra ti mismo para vencer tu sobrealimentación, tu gasto en exceso, tu consumo de alcohol, tu afición al sexo —cualquier cosa que sepas que debes mejorar—, pregúntate qué necesidad emocional está satisfaciendo aquello. Hasta que no lo hagas, estarás luchando con eso por siempre.

Valoras más tu duda que tu potencial

El sesgo de negatividad nos hace creer que las cosas «malas» son más reales que las buenas. A menos que mantengamos esa propensión a raya, podemos terminar por creer que todo lo que tememos es más real que las cosas buenas que sí son reales.

Tratas de que te importe todo

Tu fuerza de voluntad es un recurso limitado. Solo tienes una determinada cantidad al día. En vez de usarla para tratar de volverte bueno en todo, determina qué es lo más importante para ti. Centra tu atención en eso y deja que todo lo demás pase desapercibido.

Estás esperando a que alguien te abra una puerta, te ofrezca su aprobación o te entregue la vida que has estado esperando

Crecemos con la ilusión de que el éxito es lo que reciben las personas más meritorias, talentosas o privilegiadas. Sin embargo, cuando llegamos nosotros, nos damos cuenta de que lo construyen aquellos que encuentran un punto de intersección entre sus intereses, sus pasiones, sus habilidades y un nicho de mercado. Échale un poco de perseverancia, pues la única manera de fallar es darse por vencido.

No te das cuenta de lo lejos que has llegado

No eres la persona que eras hace cinco años. Así como tú evolucionas, también lo hace tu autoimagen; por lo tanto, asegúrate de que esta sea certera. Date crédito por todo lo que has superado y que nunca pensaste que podrías, y por todo lo que has construido y nunca pensaste lograr. Has llegado mucho más lejos de lo que piensas, y estás mucho más cerca de lo que te das cuenta.

IDENTIFICAR TUS COMPROMISOS
INCONSCIENTES

En parte, el motivo por el que frecuentemente experimentamos autosabotaje o un intenso conflicto interno se debe a algo llamado compromisos fundamentales, que se trata en esencia de tu objetivo o intención principal de tu vida.[5]

Tus compromisos inconscientes son básicamente las cosas que más deseas, y de las que a menudo ni siquiera eres consciente. Puedes identificar tus compromisos fundamentales observando las cosas que te acarrean más dificultades y las cosas que más te impulsan. Si puedes ir descartando tus aparentes motivaciones hacia ellas, encontrarás una causa raíz. Cuando encuentras la misma causa raíz para todo, habrás encontrado un compromiso fundamental.

Las personas solo parecen irracionales e impredecibles hasta que entiendes sus compromisos fundamentales.

Por ejemplo, si alguien tiene un compromiso fundamental de sentirse libre, puede estar saboteando oportunidades laborales para lograrlo. Si el compromiso fundamental de alguien es sentirse querido, podría encontrarse en una serie de relaciones en la que siente una intensa conexión, pero evade el compromiso por miedo a que la chispa se «apague». Si el compromiso fundamental de alguien es tener el control de su vida, puede que sienta una ansiedad irracional ante cosas que representen una pérdida de control. Si el compromiso fundamental de alguien es que los demás lo quieran, puede que simule no estar preparado en ciertos aspectos de la vida porque, si no necesitara de los demás, podrían no hacerle caso.

Pero lo más importante es entender que tus compromisos fundamentales son en realidad una fachada de tus necesidades fundamentales. Tu necesidad fundamental es lo opuesto a tu compromiso fundamental. Tu necesidad fundamental es también otra forma de identificar tu propósito. Por ejemplo, si tu compromiso fundamental inconsciente es tener el control, tu necesidad fundamental es la confianza. Si tu compromiso fundamental inconsciente es que los demás te necesiten, tu necesidad fundamental es saberte querido. Si tu compromiso fundamental inconsciente es que los demás te quieran, tu necesidad es el amor propio.

Mientras menos alimentes tu necesidad fundamental, más «escandalosos» serán los síntomas de tu compromiso fundamental.

Si eres una persona que necesita confianza y que, por lo tanto, está comprometida con mantener el control, entonces mientras menos apoyo creas recibir, más se van a desbordar tus mecanismos negativos de afrontamiento. Esto podría manifestarse bajo la forma de patrones disruptivos en la alimentación, auto aislamiento, o bien como una fijación extrema por tu apariencia física. Si estás comprometido con la libertad y, por ello, necesitas una sensación de autonomía; entonces, mientras menos edifiques una vida bajo tus propios términos, más vas a sabotear las oportunidades y a sentirte agotado y exhausto cuando «deberías» sentirte feliz.

Mientras más tiendas a satisfacer tus necesidades fundamentales, más van a desaparecer los síntomas de tus compromisos.

Una vez que comprendas lo que una persona quiere en realidad, podrás explicarte las complejidades de sus hábitos y conductas. Podrás predecir al detalle lo que hará en cualquier situación. Más importante aún, una vez que comiences a preguntarte qué quieres en realidad, podrás dejar de luchar contra los síntomas y comenzar a ocuparte del único problema que siempre ha existido en tu vida: vivir sin estar alineado con tus necesidades fundamentales y, por lo tanto, con tu propósito fundamental.

AFRONTAR EMOCIONES REPRIMIDAS
Y PASAR A LA ACCIÓN

Hay una diferencia entre entender por qué nos autosaboteamos y el acto de ya no autosabotearnos.

Esto quiere decir que, una vez que entendemos cuáles son la raíz y el propósito de la conducta, los ajustamos. Los adaptamos. Superar el autosabotaje no es solo cuestión de entender por qué te detienes a ti mismo, sino de poder actuar en la dirección que quieres y necesitas, incluso si esto es incómodo al principio o nos detona alguna emoción.

Esta es una parte muy importante del proceso, porque en esencia afrontarás exactamente las emociones que has tratado de evadir.

Cuando dejas de caer en una conducta de autosabotaje, comenzarán a surgir emociones reprimidas de las que no estabas consciente, y puede que te sientas incluso peor que antes.

La cuestión con superar el autosabotaje es que a menudo no necesitamos que nos digan qué hacer. Sabemos lo que queremos y sabemos lo que necesitamos hacer. Es solo que nos detiene nuestro miedo a sentir. Para empezar a desmontar este patrón emocional de retención, podemos trabajar a través de los siguientes puntos para encontrar más alivio y espacio y libertad mientras renovamos nuestras vidas.

LAS EMOCIONES MÁS COMUNES QUE SURGEN MIENTRAS ESTÁS ROMPIENDO CON LAS CONDUCTAS DE AUTOSABOTAJE

El primer sentimiento que probablemente enfrentarás es la resistencia. Es esa sensación generalizada de estar «atorado» o que tu cuerpo se sienta tan tenso que esté casi «duro», como si estuvieras chocando contra una pared. Este sentimiento es por lo general una emoción de enmascaramiento que previene que estés consciente de las sensaciones subyacentes, que son más intensas.

Cuando empieces a sentir resistencia, no quieras solo «cruzar por ahí». En efecto, tratar de hacerlo significa que seguirás chocando contra la misma pared con la que te habías topado. Reforzarás la conducta de autosabotaje pues no estás resolviendo de verdad el problema si solo tratas de ignorarlo.

En vez de eso, comienza a plantearte las preguntas adecuadas.

¿Por qué me siento así?

¿Qué me está tratando de decir este sentimiento acerca de la acción que estoy tratando de realizar?

¿Hay algo que necesito aprender aquí?

¿Qué debo hacer para atender mis necesidades en este momento?

Luego, tienes que reconectarte con tu motivación o tu visión de vida. Ten claro por qué quieres emprender dicha acción y hacer un cambio. Cuando tu motivación es tener una vida diferente y mejor, verás que gran parte de la resistencia se desvanece porque te está impulsando una visión más grande que tu miedo.

En otros casos, puede que te topes con otras emociones como el enojo, la tristeza o la sensación de ser insuficiente. Cuando dichos sentimientos aparecen es muy importante darles espacio. Esto significa dejar que se aviven en tu cuerpo y observarlos. Mira qué partes se ponen tensas o se sienten oprimidas a causa de ellos. Siente lo que estos quieran hacerte sentir. No hay nada peor que el miedo a una emoción, pues frecuentemente la experiencia misma no es más que una tensión física en torno a la cual nos hemos creado una historia.

Recuerda que muchos de estos sentimientos pueden tener su origen en algo relacionado con la conducta de autosabotaje. Si estás enojado por la forma en que alguno de tus padres te ha tratado, quizá no te sorprenda que los sentimientos fundamentales por los cuales saboteas tus relaciones sean el enojo y el recelo. Por lo regular, los sentimientos asociados con el autosabotaje no son casuales. De hecho, pueden llevarnos a comprender de manera más aguda qué necesitamos realmente y cuáles son los problemas internos que todavía no resolvemos.

Para soltar por completo esos sentimientos una vez que seas consciente de ellos, trata de escribirte una carta a ti mismo. Escribe algo para tu versión más joven o hazlo desde la perspectiva de tu versión futura. Escribe un mantra o un manifiesto. Recuérdate que te amas demasiado para conformarte con menos, o que está bien enojarse ante circunstancias injustas o frustrantes. Date espacio para experimentar la profundidad de tus emociones para que estas no controlen tus conductas.

DESCONECTAR LA ACCIÓN Y EL SENTIMIENTO

La lección final y más importante para superar el autosabotaje es aprender a desconectar la acción del sentimiento.

No estamos detenidos en la vida porque seamos incapaces de hacer un cambio. Estamos detenidos porque no tenemos ganas de hacer un cambio, y por tanto no lo hacemos.

La verdad es que puedes visualizar lo que quieres, saber que sin duda es adecuado para ti, y simplemente no tener ganas de tomar la acción requerida para seguir ese camino.

Esto ocurre porque, en esencia, nuestros sentimientos están configurados como sistemas de confort. Producen una sensación «buena» cuando estamos haciendo lo que siempre hemos hecho —permanece como algo conocido—. Para nuestros cuerpos, esto se registra como «seguridad». En otros casos, los logros o cambios que nos ponen muy contentos son aquellos que también nos brindan un mayor grado de seguridad. Si de alguna manera dicho logro nos pone en riesgo potencial o nos expone a algo desconocido, al principio no vamos a estar contentos con eso, incluso si se trata de un positivo neto* en nuestras vidas.

Sin embargo, lo cierto es que podemos entrenarnos para preferir conductas que nos resultan beneficiosas. Así es como reestructuramos nuestras zonas de confort. Empezamos a ansiar lo que hacemos repetidamente, aunque a menudo nos sentimos incómodos las primeras veces. El truco está en poder ignorar ese titubeo inicial para guiar nuestras vidas mediante la lógica y la razón, y no con las emociones.

Aunque tus emociones siempre son válidas y necesitan ser validadas, difícilmente son un referente certero de lo que puedes hacer en la vida. No siempre son un reflejo preciso de la realidad. Lo único que saben tus sentimientos es lo que hiciste en el pasado, y están apegados a aquello que les ha brindado confort.

---

* «Positivo neto», *Net Positive* en inglés, es un concepto novedoso que consiste en que una empresa retribuye al ámbito social, ambiental y económico mucho más de lo que toma. Aquí se refiere a que el logro te da más de lo que te quita. [N. del T.]

Puede que sientas como si no valieras, pero por supuesto que vales. Puede que sientas como si no hubiera esperanza, pero por supuesto que la hay. Puede que sientas como si le cayeras mal a todo el mundo, pero quizás es una burda exageración. Puede que pienses que todos te juzgan, pero esta es una percepción errónea.

Más importante aún, puede que te sientas incapaz de tomar acción, cuando por supuesto que puedes. Tan solo no te sientes dispuesto porque no estás acostumbrado.

Usando la lógica y la visión para guiarnos, podemos identificar una experiencia de vida diferente y mejor. Cuando lo imaginamos, nos sentimos en paz y motivados. Para salir al encuentro de esta versión de nuestras vidas debemos vencer nuestra resistencia y malestar. No nos sentiremos felices al principio, sin importar qué tan «buenas» sean esas acciones para nosotros.

Es esencial que aprendas a tomar acción antes de que tengas ganas de hacerlo. Tomar acción hace que el impulso crezca y fomenta la motivación. Estos sentimientos no vendrán a ti de manera espontánea: tienes que generarlos. Tienes que inspirarte, tienes que moverte. Solo tienes que comenzar y dejar que tu vida y tu energía se reorienten a preferir las conductas que harán que tu vida avance y no aquellas que te están deteniendo.

CAPÍTULO 3

TUS DETONADORES SON LA GUÍA A TU LIBERTAD

AHORA QUE HAS EMPEZADO a identificar tus conductas de autosabotaje, puedes usarlas para descubrir verdades más profundas e importantes acerca de quién eres como persona y qué es lo que en verdad deseas y necesitas obtener en tu vida.

Esta es una parte importante del proceso, porque superar nuestros hábitos contraproducentes no solo es cuestión de saber cuáles son y por qué caes en ellos. También es cuestión de entender cuáles son nuestras necesidades inherentes, qué deseamos en realidad y cómo podemos utilizar esto como un punto de giro para comenzar a construir una vida que esté alineada con quienes somos realmente y lo que venimos a hacer aquí.

En realidad, nuestros detonantes existen no solo para enseñarnos dónde estamos almacenando el dolor no resuelto. De hecho, nos muestran algo mucho más profundo.

Cada emoción «negativa» que experimentamos conlleva un mensaje, uno que todavía no sabemos cómo interpretar. Es entonces cuando un solo desafío se empieza a volver un asunto crónico. Incapaces de atender y aprovechar la guía de la emoción, apagamos el sentimiento, lo almacenamos en nuestros cuerpos e intentamos evitar cualquier cosa que pueda sacarlo a relucir otra vez. Es entonces cuando nos hacemos sensibles respecto al mundo que nos rodea, pues hay un montón de sentimientos reprimidos apilándose.

A primera vista, pareciera que el problema es aquello que disparó nuestra respuesta emocional. No lo es. El problema es que no sabemos qué hacer con lo que sentimos y, por lo tanto, no tenemos todas las habilidades de procesamiento emocional que necesitamos.

Cuando podemos identificar por qué algo está haciendo que estallemos, podemos utilizar dicha experiencia como catalizador para un cambio de vida positivo y liberador.

CÓMO INTERPRETAR
LAS EMOCIONES NEGATIVAS

Aunque los detonadores son únicos para cada persona, es útil entender cómo funcionan algunos de los sentimientos que a menudo condenamos.

De hecho, algunas de las emociones que están más conectadas con las conductas de autosabotaje son importantes para ayudarnos a entender mejor. No se trata simplemente de «superarlas», sino de escuchar lo que intentan decirnos de nuestra experiencia.

ENOJO

El enojo es una hermosa emoción transformadora. No obstante, ha sido caracterizada de manera errónea por su parte sombría: la agresión; y es por eso que tratamos de resistirla.

Es saludable enojarse, y el enojo también puede mostrarnos aspectos importantes de quienes somos y de lo que es importante para nosotros. Por ejemplo, el enojo nos muestra dónde están nuestros límites. El enojo también nos ayuda a identificar lo que nos parece injusto.

En el fondo, el enojo está tratando de movilizarnos para empezar a actuar. El enojo es transformador, y a menudo es el punto cumbre que alcanzamos antes de cambiar verdaderamente nuestras vidas. Esto es así porque el enojo no tiene la finalidad de ser proyectado sobre alguien más; más bien, es un flujo de motivación que nos ayuda a cambiar lo que es necesario en nuestras vidas. Cuando no lo vemos así, tendemos a sepultarlo, sin resolver nunca el problema real inmediato. Es entonces cuando el enojo pasa a la agresión —cuando descargamos esa energía en las personas que nos rodean en vez de utilizarlo como ímpetu para cambiar.

En vez de temer al enojo, podemos utilizarlo para ayudarnos a ver nuestros límites y prioridades con más claridad. También podemos usarlo para ayudarnos a realizar cambios grandes e importantes, tanto para nosotros como para el mundo que nos rodea.

TRISTEZA

La tristeza es una respuesta normal y apropiada frente a la pérdida de lo que tanto amas.

Con frecuencia, esta emoción surge en el periodo posterior a una decepción. Puede tratarse del final de una relación, la pérdida de un trabajo, o sencillamente de una idea general de lo que pensabas que sería tu vida.

La tristeza solo se vuelve problemática cuando no nos permitimos pasar por las fases naturales del dolor. La tristeza no emana toda de golpe. En realidad, a menudo encontramos que ocurre en oleadas, algunas de las cuales nos golpean en los momentos menos esperados.

Nunca hay que sentirnos avergonzados o creer que estamos equivocados por tener que llorar, sentirnos desganados o extrañar lo que ya no tenemos. De hecho, llorar en momentos apropiados es una de las mayores muestras de fortaleza mental; pues, a menudo, las personas que están padeciendo adversidades encuentran difícil liberar sus emociones y ser vulnerables.

CULPA

La culpa tiende a afectarnos más por lo que no hicimos que por lo que hicimos. En efecto, las personas que más luchan con la culpa son las personas que en realidad no son culpables de nada terrible. Las personas que cometen atrocidades no suelen estar arrepentidas. Sentirte mal ante la posibilidad de haberle hecho mal a alguien es una buena señal por sí misma.

Sin embargo, la culpa requiere que examinemos a más profundidad con cuáles conductas, si las hay, nos sentimos mal y qué pudimos haber hecho que no fue lo mejor para nosotros. Si hemos tratado a los demás de manera injusta, debemos ser capaces de admitirlo, disculparnos y corregir dicho comportamiento. Ahora bien, si el sentimiento de culpa es más generalizado y no está relacionado de manera específica con un incidente en particular, tenemos que examinar de cerca quién o qué hizo que siempre estemos sintiendo que estamos «mal» o que importunamos a los demás.

A menudo, la culpa es una emoción que arrastramos desde la niñez y que luego proyectamos sobre las circunstancias actuales cuando sentimos que somos una carga para quienes nos rodean.

VERGÜENZA

La vergüenza es lo que sentimos cuando sabemos que no nos hemos comportado de una forma que nos haga sentir orgullosos.

Los demás nunca pueden hacernos sentir tan avergonzados como nos hacemos sentir nosotros mismos. Cuando tienes verdadera y completa confianza de que estás haciendo lo mejor que puedes con lo que tienes enfrente, dejas de sentirte avergonzado todo el tiempo. Es cierto que otros pueden hacerte sentir mal con sus comentarios e ideas, pero incluso sus peores juicios tienden a neutralizarse cuando nosotros nos aceptamos y nos sentimos orgullosos de quiénes somos.

La vergüenza tiene un lado sombrío.* Es cuando el sentimiento natural y ocasional de estar avergonzado se transforma en una manera de condenarnos por completo como seres humanos y de empezar a vernos como si no tuviéramos valor ni validez.

Cuando no procesamos el sentimiento de vergüenza, tiende a convertirse en algo mucho más oscuro.

CELOS

Los celos son una emoción de encubrimiento. Se presentan como enojo o juicio, cuando en realidad son tristeza y autodescontento.

Si quieres saber lo que en verdad deseas en la vida, mira a las personas que te ponen celoso. No, puede que no quieras exactamente lo que tienen, pero el sentimiento que estás experimentando es enojo de que ellos se están permitiendo luchar por ello, mientras que tú no.

Cuando utilizamos nuestros celos para juzgar los logros de otras personas, nos estamos poniendo del lado de su función oscura. Cuando utilizamos nuestros celos para

---

* El inglés diferencia entre *embarrassment*, la aflicción de la autoconciencia por haber cometido un error o una falta muy pequeña, y *shame*, el dolor por estar conscientes de las propias culpas, fallas y malas conductas. [N. del T.]

mostrarnos lo que nos gustaría lograr, comenzamos a reconocer la conducta de autosabotaje y nos preparamos para comprometernos con lo que en realidad deseamos.

Puedes pensarlo de este modo: cuando vemos que alguien tiene algo que de verdad queremos, pero reprimimos nuestra disposición a luchar por ello, también debemos condenar eso en los demás para poder justificar nuestra forma de actuar. En vez de esto, podemos ver lo que también nos gustaría crear a nosotros.

RESENTIMIENTO

Cuando estamos resentidos con las personas, a menudo es porque no cumplieron con las expectativas que teníamos de ellas.

El resentimiento es, de cierta manera, la proyección de un arrepentimiento. En vez de tratar de mostrarnos lo que deberíamos cambiar, pareciera que nos quiere decir lo que otras personas deberían cambiar. Sin embargo, los demás no tienen ninguna obligación de satisfacer las ideas que nos formamos de ellos. De hecho, nuestro único problema es que tenemos una expectativa poco realista de que alguien debía ser exactamente como pensábamos o amarnos justo como imaginábamos que lo haría.

Cuando nos enfrentamos al resentimiento, lo que debemos hacer, en cambio, es reinventar la imagen que tenemos de aquellos que nos rodean, o de aquellos que sentimos que nos han hecho daño. Los demás no están aquí para amarnos de manera perfecta; están aquí para enseñarnos lecciones que nos muestren cómo amarlos mejor —y amarnos a nosotros mismos.

Cuando dejamos ir las ideas que tenemos sobre el tipo de personas que los otros deberían ser, podemos verlos por quienes son y por el papel que están destinados a desempeñar en nuestras vidas. En vez de centrarnos en cómo deben cambiar, podemos enfocarnos en qué podemos aprender.

ARREPENTIMIENTO

Muy similar a los celos, el arrepentimiento es también otra forma de mostrarnos no lo que deseamos poder haber hecho en el pasado, sino lo que por completo necesitamos crear de aquí en adelante.

Lo cierto es que la mayoría de las personas se arrepienten más por lo que no hicieron de lo que llegarán a arrepentirse por lo que hicieron. No es coincidencia. En realidad, el arrepentimiento no está tratando de hacernos sentir mal porque no cubrimos nuestras propias expectativas. Está tratando de motivarnos a alcanzarlas de aquí en adelante. Está tratando de mostrarnos lo que es completamente imprescindible cambiar en el futuro y lo que de verdad nos interesa experimentar antes de morir.

¿No viajaste de joven? El arrepentimiento te está mostrando que deberías hacerlo ahora. ¿No tuviste tan buen aspecto como querías? El arrepentimiento te está mostrando que deberías esforzarte más. ¿Tomaste decisiones que no reflejaron tu mejor versión? El arrepentimiento te está mostrando que deberías tomar decisiones diferentes ahora. ¿No amaste a alguien mientras lo tenías? El arrepentimiento te está mostrando que deberías valorar a la gente ahora.

MIEDO CRÓNICO

Cuando no podemos evitar los pensamientos temerosos no siempre es porque estemos frente a un peligro real. Con frecuencia, es porque nuestros sistemas de respuesta interna no están desarrollados o están marginados por un trauma.

Cuando nos encontramos en un estado de pensamiento temeroso, no importa a qué le tengamos miedo, el proceso de pensamiento nos persigue de problema en problema. Con frecuencia hay una metáfora codificada en él. Por ejemplo, podríamos tener miedo de una «pérdida de control» total o de que alguna fuerza externa llegue y desbarate nuestro progreso.

En cualquier caso, el pensamiento temeroso crónico a menudo se reduce a sentir la necesidad de enfocar nuestra energía y atención en una amenaza potencial para que podamos protegernos de ella. Imaginamos que, si estamos preocupados, ansiosos o enojados respecto a ella, permanecerá en nuestra conciencia y, por lo tanto, no podrá sorprendernos. Podemos conservar cierto control sobre ella.

El mero acto de mantener estos pensamientos temerosos en nuestras mentes es exactamente la forma como el miedo nos controla. Está descarrilando nuestras vidas justo ahora porque estamos canalizando nuestra energía hacia algo que está fuera de nuestro control, en vez de emplearla en todo lo que sí está bajo nuestro control —los hábitos, las acciones y las conductas que en efecto harían avanzar nuestras vidas.

En este sentido, aquello que nos da miedo es en realidad una proyección de lo que ya está ocurriendo.

La única forma real de terminar con el miedo crónico es, de hecho, pasando a través de él. En vez de intentar luchar, resistir y evitar lo que no podemos controlar, podemos aprender a simplemente encogernos de hombros y decir, y si eso ocurre, no hay de otra. En el momento en que podemos encogernos de hombros, reír o tan solo lanzar las manos al aire y decir: «Lo que sea que pase estará bien», al instante recuperamos todo nuestro poder.

Lo que mantiene al fuego del miedo ardiendo es la idea de que, si aceptamos lo que nos da miedo, nos estamos rindiendo ante el peor resultado potencial. Lo cierto es que, cuando dejamos de tenerle miedo a lo que no podemos controlar y, en cambio, sabemos que nada podría arruinar más nuestra vida de lo que la estamos arruinando con nuestro pensamiento y enfoque negativo, atormentado e irracional, estamos liberados por completo.

Cuando estamos en completa aceptación, el miedo sale de nuestra conciencia y deja de ser un problema. Es en este punto cuando nos percatamos de que nunca lo fue.

NUESTROS SISTEMAS INTERNOS DE ORIENTACIÓN SUSURRAN HASTA QUE GRITAN

Las cosas que más te están molestando en este momento no son fuerzas externas tratando de torturarte porque sí: es tu propia mente identificando qué cosas, dentro de tu vida, pueden arreglarse, cambiar o transformarse. Si sigues sin tomar acción, la sirena solo sonará más fuerte y, si nunca aprendes a escucharla, quizá solo te disociarás de ella y entonces serás su víctima.

Tú ya tienes las respuestas. Ya sabes lo que viniste a hacer aquí. Estás aquí para crear todo lo que te haría más feliz de lo que puedes imaginar. Solo es cuestión de aquietar tu mente lo suficiente para que puedas sentir el potencial ilimitado que te está suplicando que lo uses.

No existe tal cosa como el autosabotaje porque las conductas que piensas que te están deteniendo en realidad solo están cubriendo tus necesidades. No es cuestión de que intentes forzarte más allá de estas necesidades; es cuestión de verlas como lo que son y, entonces, encontrar formas más sanas y mejores de satisfacerlas.

Aunque vivimos en una época donde la gente tiende a decirnos que deberíamos ser por completo autosuficientes, y que desear o necesitar la presencia, validación o compañía de otra persona es una muestra de autoinsuficiencia, esta no es una representación fiel de lo que significa ser humano, y pasa gravemente por alto la realidad de la naturaleza y la conexión humanas.

Aunque muchas personas son codependientes y se apoyan demasiado en los demás para generarse una sensación de seguridad e identidad propia, inclinarse demasiado hacia el otro extremo —donde crees que no necesitas a nadie ni nada y que todo lo puedes hacer tú solo— tampoco es sano. Ambas son manifestaciones opuestas de las mismas heridas: la desconfianza y la incapacidad para conectar.

Tu necesidad de sentirte validado es válida.

Tu necesidad de sentir la presencia de otra persona es válida.

Tu necesidad de sentirte querido es válida.

Tu necesidad de sentirte seguro es válida.

Con frecuencia, la primera razón por la que empezamos a descuidar nuestras necesidades esenciales es porque pensamos que somos débiles por el hecho de tenerlas. Pensamos esto solo porque cuando éramos jóvenes, en efecto, tuvimos que apoyarnos casi por completo en los demás para cubrir nuestras necesidades esenciales. Al final, esto nos falló, porque la otra persona no puede satisfacernos a cabalidad, ni es responsable de ello. Conforme crecemos, aprendemos a ser autosuficientes. De hecho, la confianza en uno mismo para determinar nuestras necesidades básicas es parte importante del desarrollo personal.

Del mismo modo, también es importante que reconozcamos que nosotros mismos no podemos satisfacer todas y cada una de nuestras necesidades.

Los seres humanos estamos programados para conectar con los demás y convivir en grupo. Por eso existimos en subconjuntos, como las comunidades o las familias, y por lo general nos sentimos más felices y plenos cuando hacemos cosas que sirven al bien común. Esta es una parte fundamental y sana de quienes somos, y para nada es una muestra de debilidad.

En otros casos, tu necesidad de sentir seguridad financiera es sana, y no siempre es resultado de que seas codicioso o malintencionado. Tu necesidad de ser validado por el trabajo que haces es sana y no siempre es producto de tu vanidad. Tu necesidad de vivir en un espacio y un área que disfrutes es sana, y no siempre es producto de ser desagradecido por lo que tienes.

TU MENTE INCONSCIENTE TRATA
DE COMUNICARSE CONTIGO

Dentro de nuestras conductas de autosabotaje reposa una increíble sabiduría. No solo pueden decirnos cómo y qué nos ha traumatizado, también pueden mostrarnos lo que de verdad necesitamos. La llave para liberar dicha sabiduría está, de hecho, alojada en cada conducta de autosabotaje, si tan solo pudiéramos entenderla primero.

Los siguientes son algunos breves ejemplos de cómo tu mente inconsciente podría estar tratando de comunicarse contigo a través de tus conductas.

La manera en que te autosaboteas: **Regresas con la persona que te dañó en una relación. Puede ser un amigo platónico, aunque más a menudo se trata de una expareja sentimental.**

Lo que tu mente inconsciente tal vez quiere que sepas: **Puede que sea tiempo de evaluar tus relaciones de la infancia. Si encuentras algo cómodo o atractivo respecto a alguien que te lastimó, por lo general hay una razón.**

La manera en que te autosaboteas: **Atraes personas que están muy rotas como para comprometerse de verdad.**

Lo que tu mente inconsciente tal vez quiere que sepas: No estás tan roto para encontrar a alguien que en efecto te quiera. Cuando comiences a reconocer que eres digno de que se comprometan contigo, empezarás a elegir parejas que hagan justo eso.

La manera en que te autosaboteas: Te sientes infeliz, incluso si nada va mal y en verdad has conseguido todo lo que has querido en la vida.

Lo que tu mente inconsciente tal vez quiere que sepas: Es probable que estés esperando de fuera lo que te haga sentir bien, en vez de confiar en cambiar cómo piensas y en qué te enfocas. Ningún logro externo te dará un sentido verdadero y duradero de paz interior, y tu malestar, pese a tus logros, está llamando tu atención en ese sentido.

La manera en que te autosaboteas: Alejas a los demás.

Lo que tu mente inconsciente tal vez quiere que sepas: Tanto deseas que la gente te quiera y te acepte que el estrés de todo eso hace que te aísles del dolor, creando, en efecto, la realidad que estás tratando de evitar. Al mismo tiempo, necesitar constantemente la soledad a menudo significa que hay una discrepancia entre la persona que aparentas ser y la persona que eres en realidad. Cuando te muestras más auténtico en tu vida, se vuelve más fácil rodearte de los demás, ya que esto requiere menos esfuerzo.

La manera en que te autosaboteas: **Automáticamente crees que lo que piensas y sientes es verdad.**

Lo que tu mente inconsciente tal vez quiere que sepas: **Quieres preocuparte porque eso se siente cómodo y, por consiguiente, más seguro. Mientras más ciegamente creas en cualquier pensamiento o sentimiento casual que se te cruce, más estarás a merced de lo que ocurre a tu alrededor. Debes aprender a mantenerte claro, certero y con los pies en la tierra, y ser capaz de discernir mentalmente entre lo que es útil y lo que no.**

La manera en que te autosaboteas: **Te alimentas mal cuando en realidad no quieres.**

Lo que tu mente inconsciente tal vez quiere que sepas: **Estás haciendo mucho, o no estás descansando o nutriéndote lo suficiente. Estás siendo muy extremista. Por eso tu cuerpo te pide que sigas alimentándolo. O bien puede ser que estés «hambriento» en el aspecto emocional y, como no te procuras las experiencias que en realidad deseas, estás satisfaciendo dicha «hambre» de otra forma.**

La manera en que te autosaboteas: **No haces el trabajo que sabes que impulsaría tu carrera.**

Lo que tu mente inconsciente tal vez quiere que sepas: **Puede que no estés tan seguro como crees acerca de lo que quieres llegar a hacer. Si no está fluyendo, es por algo. En vez de intentar abrirte camino a la fuerza y toparte con la misma pared una y otra vez, da un paso atrás. A lo mejor es tiempo de reorganizarte, desarrollar nuevas estrategias o pensar con seriedad por qué tratas de seguir las medidas que estás tomando. Algo debe cambiar y quizá no solo sea tu motivación.**

La manera en que te autosaboteas: **Trabajas en exceso.**

Lo que tu mente inconsciente tal vez quiere que sepas: **No tienes que probar lo que vales. Sin embargo, tienes que dejar de huir del malestar de estar a solas con tus sentimientos, que muy a menudo es la razón de que la gente se sature de trabajo. Hay una diferencia entre dedicarse apasionadamente a algo y sentirse obligado a ser mejor que todos. Lo primero es sano, lo segundo no.**

La manera en que te autosaboteas: **Te importa mucho lo que piensen los demás.**

Lo que tu mente inconsciente tal vez quiere que sepas: No eres tan feliz como crees. Mientras más feliz estés con algo, menos necesitarás que otros lo estén. En vez de preguntarte si alguien más pensará que eres suficiente, detente y pregúntate: «¿Me satisface mi vida?». ¿Cómo te sientes con tu vida cuando no la ves desde la perspectiva de los demás?

La manera en que te autosaboteas: Gastas mucho. Lo que tu mente inconsciente tal vez quiere que sepas: Las posesiones no te harán sentir más seguro. No es posible comprar tu camino hacia una nueva vida o identidad. Si acostumbras gastar de más o más allá de tus posibilidades, al grado de ser perjudicial para ti, tienes que revisar que función está cumpliendo comprar o ir al centro comercial. ¿Se trata de una distracción, está reemplazando a un *hobby* o es una adicción a la sensación de estar «renovado» de alguna forma? Determina cuáles son en realidad tus necesidades y, entonces, parte de ahí.

La manera en que te autosaboteas: Te obsesionas con tus relaciones pasadas o monitoreas a tus ex a cada rato. Lo que tu mente inconsciente tal vez quiere que sepas: Esta relación te afectó más de lo que te permites creer. Terminar te dolió más de lo que admitías y necesitas procesarlo. Tu continuo interés por esta persona significa que hay algo de la relación que todavía no está resuelto, quizás una especie de cierre o aceptación que necesitas encontrar por tu cuenta.

La manera en que te autosaboteas: Eliges amigos que siempre te hacen sentir en competencia con ellos.

Lo que tu mente inconsciente tal vez quiere que sepas: Querer sentirte «mejor» que los demás no sustituye la necesidad de sentirte conectado con ellos, pero a menudo lo usamos así. Hacemos esto no porque en verdad queramos ser superiores, sino porque queremos parecer valiosos y valorados. Lo que deseamos es una conexión auténtica y sentirnos importantes para los otros, pero hacerlos sentir inferiores no es la forma de lograrlo.

La manera en que te autosaboteas: Tienes pensamientos de autoderrota que te impiden hacer lo que quieres.

Lo que tu mente inconsciente tal vez quiere que sepas: Ser duro contigo mismo primero no hará que duela menos cuando otros te juzguen o rechacen; sin embargo, es por eso que utilizas este mecanismo de defensa. Pensar lo peor de ti mismo es una forma de tratar de hacerte insensible ante lo que temes de verdad: que alguien más pueda decir esas cosas sobre ti. De lo que no te das cuenta es que, al hacerlo tú mismo, estás siendo tu propio acosador y enemigo. Siendo realistas, ¿qué podría hacerle a tu vida el juicio de alguien más? Honestamente, podría hacer que dejes de perseguir tus sueños, tus ambiciones y tu felicidad personal. Y eso es justo lo que haces cuando te obsesionas con esas ideas dañinas. Es tiempo de que dejes de estorbarte en tu propio camino.

La manera en que te autosaboteas: **No promueves tu trabajo de una forma que te ayude a avanzar.**

Lo que tu mente inconsciente tal vez quiere que sepas: **No** estás creando el mejor trabajo que podrías, y lo notas. La razón que te detiene es tu miedo a ser juzgado, pero eso no existiría si no estuvieras ya juzgándote. Tienes que crear cosas que te llenen de orgullo compartir, y cuando compartirlas de una forma positiva que impulse el crecimiento de tu negocio o carrera se sienta natural y auténtico, entonces sabrás que estás realizando el trabajo lo mejor que puedes.

La manera en que te autosaboteas: **Atribuyes intenciones o te preocupas de que las cosas se traten de ti cuando no es así.**

Lo que tu mente inconsciente tal vez quiere que sepas: **Piensas en ti demasiado seguido. La vida de los demás no gira en torno a ti, ni tampoco sus pensamientos. Están ocupados pensando en ellos mismos de la misma forma en que tú estás pensando en ti. Recuerda que los patrones en tu vida revelan tus propias conductas; pero, si cada vez que alguien se te atraviesa en el tráfico imaginas que es un ataque personal, te vas a impedir avanzar, porque tú siempre vas a ser la víctima de algo.**

La manera en que te autosaboteas: **Permaneces en una ciudad o pueblo que aseguras que no te agrada.**

Lo que tu mente inconsciente tal vez quiere que sepas: **El hogar es donde lo formas, no donde lo encuentras. ¿Acaso el conflicto es que no puedes mudarte, o simplemente no quieres? Usualmente, cuando nos quedamos en el mismo lugar es por algo. Hay algo de él que nos encanta y es donde queremos pasar nuestras vidas. La resistencia llega por cómo imaginamos que nos puedan juzgar los demás si saben que no vivimos en el lugar más estupendo y grande, o en la mejor área. Quizá también** te da miedo que la gente te vaya a juzgar por no haber «progresado» lo suficiente. Lo cierto es que tú te estás juzgando, y necesitas hacer las paces o sentirte orgulloso de por qué elegiste vivir donde vives.

La manera en que te autosaboteas: **Navegas sin sentido por las redes sociales como una forma de matar el tiempo.**

Lo que tu mente inconsciente tal vez quiere que sepas: **Esta es una de las maneras más fáciles de evasión, porque es bastante accesible y adictiva. Hay una diferencia diametral entre utilizar las redes sociales de forma sana y hacerlo como un mecanismo de defensa. Sobre todo, esto tiene que ver con cómo te sientes después de que terminas de navegar. Si no dejas el teléfono sintiéndote motivado y relajado, es probable que estés tratando de evadir alguna especie de malestar en ti —malestar que justo podría ser indicio de que necesitas cambiar.**

APRENDER A ESCUCHAR DE NUEVO

Ahora que empiezas a poner atención a tus señales internas, es importante entender cómo escucharte a ti mismo y responder en tiempo real.

Estás en tu situación presente porque no sabías cómo entender o cómo cubrir tus necesidades en el momento. Si no quieres tener que «arreglar» tus decisiones y conductas a cada rato, tienes que aprender cómo procesar e interpretar tus sentimientos en tiempo real. Lo harás mediante un proceso de construcción de inteligencia emocional, que será el tema central del siguiente capítulo. Sin embargo, aquí es donde empezamos: entendiendo cómo escuchar nuestros instintos.

CÓMO SEGUIR TU «INTUICIÓN» SIN TEMER AL FUTURO

Uno de los principios más esenciales de la sabiduría moderna es la idea de que, en el fondo, conoces la verdad de todo acerca de tu vida y, por extensión, de tu futuro. La idea es que eres un oráculo de tu futuro, y tus sentimientos son aberturas no solo a lo que está pasando ahora, sino a lo que va a ocurrir pronto.

No se nos debe culpar por creer esto. Se ha realizado una cantidad importante de investigaciones que prueban la interconectividad entre el cerebro y el cuerpo —lo cual explica que, cuando tenemos una «intuición» o un instinto que precede a la lógica, por lo general es acertado.

Esto se debe a que la pared del sistema gastrointestinal funciona como un «segundo cerebro», pues almacena una gran cantidad de información que la mente consciente no puede recordar más rápido de lo que el cuerpo puede percibirla. Esta increíble habilidad es la que hace que tu instinto sea el correcto casi siempre.

Tu intuición, aunque inteligente,

no es psíquica.

Si quieres conectar más con tu interior, seguir a tu corazón, perseguir lo que te apasiona, encontrar tu alma —sea lo que sea—, lo primero que tienes que entender es que tu «instinto visceral» solo puede responder a lo que está pasando en el momento. Si tienes un «instinto» respecto a un evento futuro, estás proyectando.

Así es como puedes empezar a analizar tus «intuiciones». ¿Estás respondiendo a quien está frente a ti, o estás respondiendo a la idea que te has formado de él? ¿Estás reaccionando a una situación que se está desarrollando en el momento, o estás reaccionando a una que imaginas asumiendo que sabes lo que va a pasar? ¿Tus sentimientos corresponden a lo que está pasando ahora, o a lo que esperas o temes que pasará en el futuro?

Además de que, en realidad, solo es capaz de funcionar en el presente, tu instinto visceral también es callado. La «pequeña voz» interior es solo así… pequeña.

No grita. No entra en pánico. No dispara la adrenalina en tu cuerpo para llamar tu atención. No es enojona. Es la ola de claridad que te sacude en los momentos más oscuros, cuando algo te dice: «Todo va a estar bien; no es tan malo como crees».

Tu instinto visceral funciona para mejorar las cosas, mientras que tu imaginación a menudo puede empeorarlas.

Pero con frecuencia esto es confuso para la gente, porque ¿qué sentimientos son tus instintos y cuáles son tus miedos, dudas o creencias limitantes? ¿Cómo saber la diferencia?

Bueno, tus instintos no son en realidad sentimientos: son respuestas.

Si después de pasar tiempo con alguien te sientes particularmente agotado o sientes que no quieres volver a verlo, ese es tu instinto. Si el trabajo que realizas te deja exhausto, y cada mínimo aspecto es forzado e indeseable, ese es tu instinto. El instinto no es un sentimiento (no tienes un «instinto» de tristeza hoy); el instinto es esquivar rápido un peligro sin tener que pensarlo.

Tienes que recordar que tus sentimientos, aunque válidos, a menudo no son reales. No siempre reflejan la realidad de manera precisa. Reflejan, sin embargo, nuestros pensamientos de manera precisa. Nuestros pensamientos modifican a nuestros sentimientos. Nuestros pensamientos no modifican a nuestros instintos. Lo que te atrae o te aleja de forma natural es tu instinto. No es algo que sientas o interpretes, sino algo que haces por naturaleza.

Cuando las personas hablan de utilizar sus instintos para labrar una vida que amen, se refieren a que obedecen a lo que su intuición sutil les dice que es mejor hacer. A veces, tu instinto puede acercarte a tu arte, incluso si eso te pone incómodo o renuente. A veces, tu instinto puede impulsarte a seguir trabajando en una relación, aun cuando sea difícil.

Tu instinto no existe para asegurar que te sientas cómodo o muy contento a todas horas. Te acerca hacia lo que deberías a hacer, porque te muestra el punto de intersección entre tus intereses, tus habilidades y tus deseos.

EL INSTINTO Y EL MIEDO PUEDEN SENTIRSE DE MANERA SIMILAR

Confiar en tu intuición no es tratarla como un oráculo.

Aquí es donde el concepto se vuelve problemático. No solo creemos ciegamente en sentimientos al azar, sino que también les conferimos un significado futuro, asumiendo que todo lo que sentimos nos está en verdad advirtiendo o mostrando lo que hay más adelante.

Analicemos por qué y cómo pasa esto y cómo puedes evitar que arruine tu vida.

Los sentimientos no te indican cuál es la decisión correcta a tomar.

Las decisiones adecuadas generan sentimientos adecuados.

La finalidad de tus sentimientos no es guiarte en el transcurso de la vida; para eso está tu mente.

Honestamente, si siguieras cada uno de tus impulsos, serías autocomplaciente en todo, o estarías atorado por completo, quizás hasta muerto o al menos en graves problemas. No lo estás, porque tu cerebro es capaz de intervenir e instruirte en cómo tomar decisiones que reflejen lo que quieres estar experimentando a largo plazo.

Comienzas a experimentar sentimientos de paz y alegría en tu vida cuando te condicionas a tomar acciones, repetidas a diario, que facilitan la claridad, la calma, la salud y la determinación; no al revés.

Si quieres dominar tu vida, tienes que aprender a organizar tus sentimientos. Al tomar conciencia de ellos, puedes rastrear el proceso de pensamiento que los provocó y, a partir de allí, decidir si la idea implica una amenaza o preocupación real, o si es una fabricación de tu mente reptiliana que solo busca mantenerte vivo.

Recuerda: tu cerebro fue creado para la naturaleza. Tu cuerpo está diseñado para sobrevivir en estado salvaje. Tienes una forma animal tratando de sortear un mundo demasiado civilizado y moderno. Perdónate por tener estos impulsos y, al mismo tiempo, comprende que tus decisiones son, a fin de cuentas, tuyas. Puedes sentir algo y no actuar al respecto.

¿POR QUÉ, ENTONCES, SE NOS DICE QUE «ESCUCHEMOS NUESTROS INSTITNOS», EN PRIMER LUGAR?

Tu intestino está profundamente conectado a tu mente. Hay una conexión fisiológica entre tu sistema gastrointestinal y la producción de serotonina en tu cerebro. Tu nervio vago se extiende de tu intestino a tu cabeza, actuando como un mecanismo de comunicación para ayudar a que tu sistema se regule.[6]

Tu estómago y tu mente mantienen una conexión inherente. Es por eso que las personas refieren que solo saben algo «en el fondo», o explican que, cuando están molestas, se les «revuelve el estómago» o que «reaccionen con las vísceras» a alguna situación.

Lo que no se está abordando es el hecho de que escuchar tu instinto es algo que ocurre en el momento. No puedes tener un instinto respecto a un evento futuro, porque este todavía no existe. Puedes tener una respuesta, basada en el miedo o la memoria, que estás proyectando sobre el futuro; pero no puedes saber por instinto algo de otra persona o de un evento futuro hasta que está frente a ti.

Cuando tienes un «instinto visceral» respecto a alguien, es después de interactuar con esa persona. Cuando sabes si un trabajo es adecuado para ti o no, es solo después de haberlo desempeñado un tiempo.

El problema es que estamos tratando de usar nuestros instintos como mecanismos de adivinación, es decir la forma creativa en que nuestro cerebro trata de manipular nuestro cuerpo para ayudarnos a evadir el dolor y a aumentar el placer en el futuro. Pero eso no es lo que ocurre. Terminamos atorados porque, literalmente, confiamos en cada cosa que sentimos, en vez de distinguir entre una reacción real y una proyección.

IDENTIFICAR LA DIFERENCIA ENTRE INSTINTO Y MIEDO

Antes que nada, comprende que tu instinto puede servirte muchísimo en el momento. Muy a menudo, tu primera reacción ante algo es la reacción más sabia porque tu cuerpo está utilizando toda la información inconsciente que tienes almacenada para comunicarse contigo antes de que tu cerebro tenga la oportunidad de anticiparse.

Puedes aprovechar esto a tu favor al detenerte en el momento y preguntarte qué es verdad justo aquí y ahora. ¿Qué es verdad cuando estás con otra persona, en una actividad o ante un comportamiento? ¿Cuál es tu instinto visceral y profundo cuando tomas parte en algo?

¿Es diferente a lo que piensas y sientes respecto a ello cuando solo estás imaginándolo, sacando conjeturas, recordando detalles o imaginando cómo será? Por lo general, estas proyecciones son miedo, mientras que tu reacción presente es un instinto genuino.

En general, un instinto genuino nunca te va a aterrar al grado del pánico. Tu intuición siempre es sutil y gentil, incluso si te está diciendo que algo no es para ti. Si tu intuición quiere indicarte que no veas a alguien o que dejes de involucrarte en una relación o una conducta, el impulso será silente. Por eso se le llama «pequeña voz» interior. Tan fácil de no oír. Tan fácil de ahogar en el ruido.

GOLPECITOS INTUITIVOS
CONTRA PENSAMIENTOS INTRUSIVOS

Cuando empieces a estucharte a ti mismo te podría resultar difícil distinguir entre los pensamientos útiles e intuitivos y aquellos que son dañinos e intrusivos. Ambos funcionan de manera similar —son inmediatos, reactivos, y ofrecen un tipo de conocimiento previamente oculto— y, sin embargo, en la práctica funcionan de manera completamente distinta.

Así es como se empieza a distinguir entre los pensamientos en los que influye tu intuición y aquellos en los que influye el miedo:

- Los pensamientos intuitivos son tranquilos. Los pensamientos intrusivos son agitados e infunden miedo.

- Los pensamientos intuitivos son racionales; tienen sentido en cierto grado. Los pensamientos intrusivos son irracionales y a menudo resultan de exagerar una situación o de sacar la peor conclusión posible.

- Los pensamientos intuitivos te ayudan en el presente. Te brindan información que necesitas para tomar una decisión mejor informada. Los pensamientos intrusivos con frecuencia son al azar y no guardan relación con lo que está ocurriendo en el momento.

- Los pensamientos intuitivos son «callados»; los pensamientos intrusivos son «escandalosos», por lo que uno es más difícil de oír que el otro.

- Los pensamientos intuitivos por lo regular te llegan una vez, quizá dos, y producen una sensación de entendimiento. Los pensamientos intrusivos tienden a ser persistentes e infunden un sentimiento de pánico.

- Los pensamientos intuitivos a menudo parecen cariñosos, mientras que los pensamientos invasivos parecen asustados.

- Los pensamientos intuitivos por lo común llegan de la nada; los pensamientos invasivos generalmente se desencadenan por un estímulo externo.

- No es necesario lidiar con los pensamientos intuitivos: te llegan y luego los dejas ir. Por su parte, los pensamientos invasivos originan una completa espiral de ideas y miedos, haciendo que parezca imposible dejar de pensar en ellos.

- Aun cuando un pensamiento intuitivo te dice algo que no te gusta, nunca te hace entrar en pánico. Aun si experimentas tristeza o decepción, no sientes una ansiedad abrumadora. Entras en pánico cuando no sabes qué hacer con un sentimiento. Esto es lo que ocurre cuando tienes un pensamiento invasivo.

- Los pensamientos intuitivos te abren la mente a otras posibilidades; los pensamientos invasivos te cierran la mente y hacen que te sientas atorado o condenado.

- Los pensamientos intuitivos surgen desde la perspectiva de tu mejor versión; los pensamientos invasivos surgen desde la perspectiva de tu versión más temerosa y pequeña.

- Los pensamientos intuitivos resuelven problemas; los pensamientos invasivos, los causan.

- Los pensamientos intuitivos te ayudan a que ayudes a los demás; los pensamientos invasivos tienden a generar una mentalidad de «yo contra ellos».

- Los pensamientos intuitivos te ayudan a entender lo que piensas y sientes; los pensamientos invasivos asumen lo que otras personas piensan y sienten.

- Los pensamientos intuitivos son racionales; los pensamientos invasivos son irracionales.

- Los pensamientos intuitivos proceden de un lugar más profundo en tu interior, y te producen una resonante sensación en lo profundo de tu intestino; los pensamientos invasivos te mantienen trabado en tu cabeza y te provocan una sensación de pánico.

- Los pensamientos intuitivos te enseñan cómo responder; los pensamientos invasivos exigen que reacciones.

CÓMO EMPEZAR A CUBRIR
REALMENTE TUS NECESIDADES

Aunque el *autocuidado* se ha vuelto un término genérico para referirse a conductas que nos distraen del problema real inmediato en vez de actuar para solucionarlo; el auténtico autocuidado es el aspecto fundamental al cubrir nuestras propias necesidades.

Además de tu propia seguridad básica, tus necesidades son tener alimento, dormir bien, vivir en un entorno limpio, vestir de manera apropiada y permitirte sentir sin ser juzgado o reprimido.

Encontrar maneras de cubrir estas necesidades por tu cuenta es la base para superar el autosabotaje.

Te sentirás mucho más dispuesto a hacer ejercicio si duermes bien por la noche. Te sentirás mucho mejor en el trabajo si no tienes que sentarte con un constante dolor de espalda y buscas a un profesional que te ayude a mejorar tu postura, te brinde atención quiropráctica o un masaje. Disfrutarás pasar tiempo en tu casa si está organizada y tiene un sentido para ti. Te sentirás cada día mejor contigo mismo si te tomas el tiempo de procurar tu arreglo personal y tu tranquilidad.

Estas no son para nada cosas triviales sino elementos importantes. Solo que no puedes verlo porque su impacto radica en que las haces a diario.

Entender tus necesidades, satisfacer aquellas que son tu responsabilidad y luego permitirte acudir a los demás para cubrir las que tú solo no puedes, te ayudará a romper el círculo de autosabotaje y a construir una vida más sana, balanceada y plena.

CAPÍTULO 4

DESARROLLANDO
LA INTELIGENCIA EMOCIONAL

AL FINAL, EL AUTOSABOTAJE es tan solo producto de una inteligencia emocional poco desarrollada.

Para continuar con nuestra vida de una manera sana, productiva y estable, necesitamos entender cómo trabajan juntos nuestro cerebro y nuestro cuerpo. Necesitamos entender cómo interpretar los sentimientos, lo que significan las emociones y saber qué hacer cuando nos enfrentamos a sensaciones abrumadoras que no podemos manejar.

De manera específica nos centraremos en aspectos de la inteligencia emocional que se relacionan con las conductas de autosabotaje, aunque hay una increíble cantidad de trabajos sobre la IE presentados por expertos de todo el mundo, que sigue aumentando con el tiempo.

¿QUÉ ES LA INTELIGENCIA EMOCIONAL?

La inteligencia emocional es la habilidad de comprender, interpretar y responder a tus emociones de una manera clara y sana.

Las personas con elevada inteligencia emocional a menudo son capaces de llevarse mejor con diferentes tipos de personas, de sentirse más contentas y satisfechas en su vida diaria y de tomarse tiempo con regularidad para procesar y expresar sus sentimientos auténticos.

Sobre todo, la inteligencia emocional es la capacidad para interpretar las sensaciones que surgen en tu cuerpo y entender qué te intentan decir sobre tu vida.

La raíz del autosabotaje es la falta de inteligencia emocional, porque sin la capacidad de entendernos a nosotros mismos, es inevitable que nos perdamos. Estos son algunos de los aspectos incomprendidos de nuestro cerebro y nuestro cuerpo que siempre nos dejan atorados.

TU CEREBRO ESTÁ DISEÑADO PARA RESISTIRSE A LO QUE REALMENTE QUIERES

Algo interesante pasa en el cerebro humano cuando obtenemos lo que queremos.

Cuando imaginamos qué metas queremos lograr, con frecuencia lo hacemos bajo la expectativa de que elevarán nuestra calidad de vida de alguna manera tangible, y que, una vez que hayamos llegado a ese punto, podremos «echarnos a descansar».

«Echarnos a descansar» en el sentido de ya no preocuparse. Relajarse en la vida. Dejar a las cosas ser por un momento.

Eso no es lo que ocurre.

A nivel neurológico, cuando conseguimos algo que en verdad deseamos, empezamos a querer más. Nuevas investigaciones sobre la naturaleza de la sustancia dopamina —que antes se consideraba la fuerza conductora detrás del deseo, la libido y la adquisición— prueban que es más compleja de lo que se pensaba.

En su libro *Dopamina,* Daniel Z. Lieberman explica que los expertos que estudiaron esta hormona descubrieron que, cuando a un individuo se le presentaba algo que deseaba bastante, la descarga de dopamina disminuía después de adquirirlo. Resulta que la dopamina no es un químico que te dé placer; es un químico que te da el placer de querer más.[7]

¿Y la meta grandiosa y colosal para la que estás trabajando? Llegarás a ella, y entonces habrá otra montaña para escalar.

Esta es una de las tantas razones por las que saboteamos con profundidad lo que en verdad deseamos. Sabemos de forma instintiva que «llegar» en realidad no nos dará la capacidad de abstenernos de la vida; solo hará que deseemos más. A veces, no nos sentimos con ánimo para tal desafío.

Entonces, mientras caminamos a la meta, un coctel tóxico de sesgos neuronales comienza a acumularse, y empezamos a molestarnos, a juzgar e incluso despreciar el objeto de nuestro más grande deseo.

Cuando empezamos a perseguir lo que en verdad queremos, nos resistimos a realizar el trabajo que se requiere para lograrlo, pues nos da tanto miedo no tenerlo que cualquier roce con el fracaso nos hace desistir de nuestro esfuerzo y estresarnos.

Cuando pasamos tanto tiempo sin tener lo que en verdad queremos, nos creamos asociaciones inconscientes entre tenerlo y «ser alguien malo», porque hemos juzgado a otros por tenerlo.

Cuando lo conseguimos, tememos perderlo con tal desesperación que lo alejamos de nosotros para no tener que soportar el dolor.

Estamos atrapados tan profundamente en nuestro estado mental de «querer» que no podemos cambiar a un estado de «tener».

Primero, cuando queremos algo de forma tan desesperada, con frecuencia se debe a expectativas poco realistas que hemos asociado con eso. Imaginamos que cambiará nuestra vida de forma extraordinaria y, por lo general, esto no ocurre.

Cuando dependemos de alguna meta o cambio de vida para «salvarnos» de alguna forma poco realista, cualquier incidente que implique fallar nos llevará a dejar de intentarlo. Por ejemplo, si estamos seguros por completo de que una pareja sentimental nos ayudará a dejar de sentirnos deprimidos, estaremos bastante sensibles al rechazo, porque nos hace sentir que nunca superaremos la depresión.

Claro, lo evidente aquí es que salir con alguien es un proceso de ensayo y error. Primero tienes que fallar para triunfar.

Es decir, todo el tiempo que pasamos sin tener lo que queremos, como por ejemplo una relación romántica, nuestro cerebro tiene que justificar y validar nuestra actitud en la vida como una forma de autoprotección. Es por eso que inconscientemente despreciamos a quienes sí tienen lo que queremos. En vez de sentirnos inspirados por su éxito, dudamos de ellos. Nos volvemos escépticos de las relaciones, teniendo tantos celos de la felicidad de otros que asumimos que deben de estarla fingiendo, o que el amor «no es real», o que terminarán por separarse, al menos.

Si nos aferramos con firmeza a estos pensamientos por mucho tiempo, adivina qué pasará cuando al fin obtengamos la relación que en verdad queremos. Exacto: vamos a dudar de ella y asumiremos que también fallará.

Esto es lo que sucede cuando las personas alejan a otros o abandonan sus grandes sueños en cuanto surge una dificultad. Cuando tenemos tanto miedo de perder algo, tendemos a alejarlo de nosotros como un medio de auto-preservación.

Por lo tanto, supongamos que superas las creencias limitantes que están generando toda esta resistencia en tu vida, y que al final te permites construir y tener lo que más más deseas. A continuación, estarás ante el último y más complicado desafío: cambiar del «modo de supervivencia» al «modo de prosperidad».

Si has pasado la mayor parte de tu vida «solo arreglándotelas», no sabrás cómo adaptarte a una vida en la que estés relajado y disfrutando. Vas a resistirte a ella, a sentirte culpable, quizás a gastar de más o a ignorar tus responsabilidades. En tu cabeza, estás «compensando» los días de dificultades con los días de completa relajación. Sin embargo, esto no funciona así.

Cuando estamos atrapados con tanta profundidad en el sentimiento de «querer», se vuelve bastante difícil ajustarse a la experiencia de «tener».

Esto se debe a que cualquier cambio, no importa qué tan positivo, es incómodo hasta que se vuelve familiar.

Es difícil admitir las formas en que nos inclinamos con tanta profundidad a autovalidarnos, por lo cual terminamos cruzándonos en nuestro propio camino por orgullo. Es incluso más difícil admitir que, con mucha frecuencia, lo que envidiamos en los demás son fragmentos de nuestros más profundos deseos: aquellos que no nos permitiremos tener.

Sí: tu cerebro está predispuesto a querer cosas más grandes y en mayor cantidad. Pero, al entender sus procesos y tendencias, puedes cancelar la programación y empezar a gobernar tu propia vida.

UN IMPULSO HOMEOSTÁTICO GOBIERNA TU CUERPO

Tu cerebro está hecho para reforzar y regular tu vida.

Tu mente inconsciente tiene algo llamado impulso homeostático, el cual regula funciones como la temperatura corporal, el pulso o la respiración. Brian Tracy lo explica de la siguiente manera: «A través de tu sistema nervioso autónomo, [tu impulso homeostático] mantiene un equilibrio entre los cientos de químicos en tus billones de células para que tu estructura corporal completa funcione en total armonía la mayoría del tiempo».[8]

Pero muchas personas no se dan cuenta de que, así como tu cerebro está hecho para regular tu cuerpo, también intenta regular tu mente. Esta se la pasa filtrando y acercándote información y estímulos que reafirman tus creencias previas (lo que en psicología se llama sesgo de confirmación), así como presentándote pensamientos e impulsos repetidos que imitan y reflejan lo que has hecho en el pasado.

Tu mente inconsciente es el guardián de tu zona de confort.

También es el ámbito donde puedes acostumbrarte a esperar y buscar de forma rutinaria acciones que construirían o reforzarían el éxito, la felicidad, la plenitud o la sanación más grandes de tu vida.

Esto nos enseña que, cuando estamos atravesando por un proceso de sanación o cambio en nuestras vidas, tenemos que permitir a nuestros cuerpos ajustarse a su nueva sensación de normalidad. Por eso, todo cambio, no importa qué tan bueno, será incómodo hasta que se vuelva familiar. También es por eso que podemos quedarnos atrapados en hábitos y círculos autodestructivos. Aun cuando nos sintamos bien con ellos, esto no quiere decir que sean buenos para nosotros.

Debemos usar nuestra mente para practicar el discernimiento. Debemos usar nuestra inteligencia superior para decidir adónde queremos ir y quiénes queremos ser, y entonces debemos permitir que nuestro cuerpo se ajuste con el tiempo.

No podemos vivir gobernados por cómo nos sentimos. Nuestras emociones son temporales y no siempre reflejan la realidad.

NO CAMBIAS TENIENDO GRANDES AVANCES; CAMBIAS HACIENDO MICROCAMBIOS

Si estás atorado en la vida, quizá sea porque estás esperando el gran acontecimiento, el momento glorioso en el que todos tus miedos se disuelven y la claridad se apodera de ti. El trabajo que debe ocurrir ocurre sin esfuerzo. Tu transformación personal te despoja de la complacencia y te despiertas en una existencia nueva por completo.

Ese momento nunca llegará.

Los grandes avances no ocurren de manera espontánea: son puntos de inflexión.

Las revelaciones suceden cuando las ideas que aguardaban en las márgenes de tu mente finalmente reciben la suficiente atención para dominar tus pensamientos. Estos son los momentos en que «caes en la cuenta», los momentos en que al fin comprendes consejos que habías escuchado toda tu vida. Los momentos en que te has acostumbrado a un patrón de conducta por tanto tiempo que se vuelve instintivo.

Un gran avance único y asombroso no es lo que cambia tu vida. Un microcambio sí.

Los grandes avances son lo que ocurre después de horas, días y años de realizar el mismo trabajo mundano y monótono.

Pero un gran avance único y asombroso no es lo que cambia tu vida. Un microcambio sí.

Como escritor y estratega de medios, Ryan Holiday observa que las epifanías no cambian la vida.[9] No son los momentos de acción radicales los que nos generan un cambio duradero y consistente: es la reestructuración de nuestros hábitos. El filósofo de la ciencia Thomas Kuhn acuñó este concepto como «cambio de paradigma». Kuhn sugería que no cambiamos nuestra vida en destellos de brillantez, sino a través de un lento proceso en el cual se esclarecen las suposiciones y nuevas explicaciones son necesarias. Es en estos periodos de flujo cuando ocurren los microcambios y comienza a tomar forma un cambio a nivel de «gran avance».

Piensa en los microcambios como pequeños incrementos de cambio en tu vida diaria. Un microcambio es cambiar una parte de lo que comes en una de tus comidas solo una vez. Luego, es hacerlo una segunda vez, y una tercera. Antes de que te des cuenta de lo que está pasando, habrás adoptado un patrón de conducta.

Lo que haces cada día explica tu calidad de vida y tu grado de éxito. No se trata de si te «sientes» con ánimo de realizar el trabajo, sino de si lo haces a pesar de todo.

Esto se debe a que los resultados de la vida no están regidos por la pasión; están regidos por principios.

Puede que no pienses que lo que hiciste esta mañana fue importante, pero lo fue. Puede que no pienses que las pequeñas cosas se suman, pero lo hacen. Considera ese antiquísimo acertijo: ¿Preferirías tener un millón de dólares disponibles hoy o un centavo que duplique su valor cada día durante el siguiente mes? El millón justo ahora suena genial; pero, después de un mes de 31 días, ese mismo centavo valdría cerca de 10 millones.

Realizar cambios grandes y radicales no es difícil porque seamos seres defectuosos e incompetentes. Es difícil porque se supone que no debemos vivir fuera de nuestra zona de confort.

Si quieres cambiar tu vida, necesitas tomar decisiones pequeñas, casi indetectables, cada hora de cada día hasta que se vuelvan habituales. Entonces, solo continuarás haciéndolas.

Si quieres pasar menos tiempo en tu teléfono, no te permitas checarlo por una vez hoy. Si quieres llevar una dieta más saludable, toma medio vaso de agua hoy. Si quieres dormir más, esta noche acuéstate 10 minutos más temprano que la noche anterior.

Si quieres ejercitarte más, hazlo hoy por solo 10 minutos. Si quieres leer, lee una página. Si quieres meditar, hazlo por 30 segundos.

Entonces, sigue realizando esas acciones. Hazlas todos los días. Te acostumbrarás a no checar tu teléfono. Querrás más agua y beberás más agua. Correrás por 10 minutos y no sentirás que tengas que detenerte, así que no lo harás. Leerás una página, aumentará tu interés, y leerás otra.

En nuestro nivel más instintivo y fisiológico, el «cambio» se traduce como algo peligroso y potencialmente amenazante. No es de extrañar que construyamos nuestras propias jaulas y permanezcamos en ellas, aun cuando no estén cerradas con llave.

Tratar de forzarte con una sacudida a tener una nueva vida no va a funcionar, y por eso no lo has hecho todavía.

No necesitas esperar hasta sentirte con ánimo de cambiar para empezar a hacerlo. Todo lo que necesitas es realizar un microcambio a la vez, y dejar que la energía y el impulso tomen forma.

TU MENTE ES ANTIFRÁGIL

¿Es tu cerebro el mayor antagonista de tu vida?

¿Es el miedo irracional lo que está al centro de la mayoría de tus más grandes agentes estresantes?

¿Alguna vez has tenido la corazonada de que buscas los problemas, creas conflictos donde no los hay, reaccionas de manera exagerada, piensas de más o que todo va a resultar en catástrofe?

Si tu respuesta es «sí», ¡felicidades!, eres autoconsciente.

Eres como cualquier otra persona.

Si sientes que siempre estás examinando tu vida de manera inconsciente para identificar el próximo asunto por el cual preocuparte, la siguiente amenaza potencial a temer, es que estarás bien.

Lo que más tememos es lo que nuestra mente identifica como la amenaza menos probable que no podemos controlar. Si la amenaza tiene una probabilidad alta, no la tememos sino que respondemos ante ella. Por eso, la mayor parte de la preocupación no solo viene de identificar la única situación que no podemos controlar, sino la única situación pequeña e improbable que no ponemos controlar.

Entonces, ¿por qué nuestra mente necesita de esto?

¿No podemos solo disfrutar lo que tenemos y estar agradecidos?

Hasta cierto punto, por supuesto.

Pero nuestra mente también necesita la adversidad; por eso es instintivo para ella seguir creando problemas —aunque no haya ninguno real frente a nosotros.

La mente humana es algo que se llama antifrágil. Esto significa que, de hecho, mejora ante la adversidad. Así como una roca que se vuelve diamante bajo presión o un sistema inmunitario que se fortalece tras la repetida exposición a los gérmenes, la mente necesita ser estimulada en forma de reto.

Si te niegas o rechazas cualquier tipo de reto real en tu vida, tu cerebro lo compensará creando un problema a superar. Solo que ahora no habrá ninguna recompensa al final. Serás tú combatiéndote a ti mismo por el resto de tu vida.

La obsesión cultural de perseguir la felicidad y de blindarse contra cualquier factor detonante, y la idea de que la vida es sobre todo «buena» y que cualquier reto que enfrentamos es un error del destino es lo que en realidad nos debilita mentalmente.

Blindar la mente de cualquier adversidad nos hace más vulnerables a la ansiedad, al pánico y al caos.

Con frecuencia, aquellos que no pueden evitar sino crear problemas en sus mentes lo hacen porque han suspendido el control creativo de su existencia. Se cambian al asiento del pasajero, pensando que la vida les ocurre, y no que es un producto de sus acciones.

¿Quién no tendría miedo si ese fuera el caso?

Pero lo que la mayoría de las personas no te dice es que la adversidad te vuelve creativo. Activa una parte de ti que siempre está latente. Hace que las cosas sean interesantes. Parte de la narrativa humana es desear tener algo que superar.

El secreto está en mantenerlo en equilibrio. Decidir salir de tu zona de confort y soportar el dolor por una causa noble.

Centrarse en problemas que son reales en el mundo, como el hambre o la política o cualquier otra cosa.

Pero, sobre todo, se trata de permanecer conectados con lo que podemos controlar en la vida, que es la mayoría de las cosas, si lo piensas. Las cosas antifrágiles necesitan tensión, resistencia, adversidad y dolor para quebrarse y transformarse. Lo obtenemos al comulgar a profundidad con la vida y ser parte de ella, en vez de temer a nuestras emociones y mantenernos al margen.

No puedes quedarte ahí por siempre ni lo quieres en realidad. Fuiste hecho para abrazar tu todo, tu valor. Sé firme y empieza a vivir.

UN NUEVO CAMBIO CAUSA UNA CONMOCIÓN DE AJUSTE

De todo lo que nadie te dice acerca de la vida, el hecho de que puedas no experimentar felicidad instantánea tras un cambio de vida positivo es, quizá, lo más confuso.

La verdad acerca de tu psique es la siguiente: cualquier cosa nueva, incluso si es buena, se sentirá incómoda hasta que se vuelva familiar.

Nuestro cerebro también trabaja al revés en el hecho de que percibimos como buena y cómoda cualquier cosa que nos es familiar, aunque se trate de conductas, hábitos o relaciones tóxicos o destructivos.

Ciertos eventos positivos de la vida pueden, de hecho, desencadenar episodios depresivos. Esto ocurre por ciertas razones: en primer lugar, un súbito aumento y posterior descenso en el estado de ánimo o en la actitud puede intensificar el estrés. En segundo lugar, la expectativa de que un evento positivo eliminará todo el estrés y traerá una felicidad sin precedentes es una expectativa destructiva, porque el evento pocas veces lo hace. Por eso, las bodas, los nacimientos o un nuevo trabajo pueden implicar un nivel de estrés tan increíble. Encima de que es un cambio de vida significativo, en silencio se asume que este será algo positivo por completo, y que la ansiedad y la tensión deberían eliminarse.

Es desconcertante descubrir que este no es el caso.

En general, todo se reduce al simple hecho de que cualquier logro, éxito o cambio en la vida, no importa qué tan positivo sea, provoca un cambio. El cambio provoca estrés. Esto es cierto, de manera particular, para aquellos que ya están predispuestos a la ansiedad o a la depresión, porque el concepto de zona de confort es por completo esencial para calmar su estado de ánimo. Es por eso que, a menudo, pueden parecer abrumadoramente quisquillosos o de mentalidad cerrada.

¿Cuáles son las señales de la conmoción de ajuste?

La conmoción de ajuste puede manifestarse de forma tan simple como un aumento de la ansiedad o irritabilidad. Sin embargo, con frecuencia es más complejo.

La conmoción de ajuste por lo general da la impresión de ser hipervigilancia. Si obtienes ganancias financieras, tu mente cambia de inmediato hacia lo que podría descarrilar tu progreso: una factura grande por llegar o la pérdida del trabajo que acabas de conseguir. Si tienes una nueva relación feliz, podrías volverte paranoico respecto a la infidelidad y las mentiras.

La conmoción de ajuste puede traer a la luz apegos y creencias inconscientes. Si eres alguien que fue criado para pensar que las personas ricas son moralmente corruptas, te resistirás a tener más dinero. Si has deseado ser famoso para que te quieran más, te resistirás al éxito público, porque las personas «famosas» a menudo son más propensas a la crítica o a caer peor que el común de las personas.

La conmoción de ajuste puede producir sentimientos de miedo intenso. Esto es porque, cuando alcanzamos algo que nos importa mucho o por lo que hemos trabajado mucho, podemos tener el instinto de blindarnos contra su potencial pérdida, levantando barreras y desensibilizándonos ante la experiencia de haberlo obtenido.

Con frecuencia, oponemos la mayor resistencia a las cosas que más queremos.

Se debe a la conmoción de ajuste, aunque no siempre sabemos que esta es la que causa la resistencia.

Da miedo recibir todo lo que queremos, porque nos obliga a movernos de una mentalidad de supervivencia, basada en el miedo, hacia una más estabilizada. Si solo estamos acostumbrados a hacer lo necesario para sobrevivir;

entonces, nos vemos enfrentados a las siguientes fases de nuestra autorrealización.

Si ya no estamos preocupados por la supervivencia básica, nuestra mente queda libre para pasar a las preguntas más sustanciales de la vida: ¿Cuál es nuestro propósito? ¿Ha valido la pena la forma en que hemos vivido? ¿Somos quienes queremos ser?

A menudo pensamos en los logros como una tarjeta para «obtener una ganancia más fácil de la vida». Raras veces son eso. De hecho, suele ocurrir lo contrario. Nos suben de nivel, nos fuerzan a adquirir mayores responsabilidades, a pensar con más profundidad acerca de asuntos importantes, a cuestionarnos a nosotros mismos y lo que de antemano sabíamos que era cierto.

En realidad, los grandes éxitos nos presionan para volvernos una versión cada vez mejor de nosotros. Esto es un positivo neto para nuestras vidas, pero puede resultar tan incómodo como en su momento fue luchar, si no es que más.

¿Cómo supero la conmoción de ajuste?

Cuando en tu vida ocurra algo positivo, tendrás que ajustar tu mentalidad respecto a otras cosas para alinearla y desarrollar una nueva perspectiva, más precisa y sostenible.

Si estás preocupado por tener más dinero, necesitarás aprender cómo administrarlo mejor. Si estás preocupado por tus relaciones, necesitarás aprender a relacionarte con los demás de formas diferentes a como lo has hecho hasta ahora.

Tu gran cambio de vida te forzará a subir de nivel en todas las formas imaginables, y la manera de superar el miedo inicial a entrar en lo desconocido es familiarizándote con ello, hacerlo una parte de ti, una para la que tengas la certeza de estar preparado —y que mereces.

EL PENSAMIENTO PSÍQUICO NO ES SABIDURÍA

Cuando hablamos de «pensamiento psíquico», no nos referimos a la lectura de mano, a los ocultistas profesionales publicitados en letreros de neón que puedes contratar para evaluar tu energía y predecir tu futuro.

El pensamiento psíquico es mucho más dañino que eso.

El pensamiento psíquico es asumir que sabes lo que alguien más está pensando y cuáles son sus intenciones. Es asumir que el resultado menos probable es el más viable porque lo sientes con mayor fuerza. Es creer que te has perdido la oportunidad de «otra vida», un camino que no escogiste para el que quizás estabas destinado. Es creer que la persona con la que tienes la conexión más electrizante es tu compañera de vida ideal.

Claro, la forma en que otras personas nos ven es dinámica. Sus pensamientos, sentimientos e intenciones nos resultan desconocidas en gran medida, si no es que por completo. El resultado menos probable es solo eso: el resultado menos probable. No existe tal cosa como el camino que pudimos haber tomado sino tan solo una proyección de nuestras necesidades y deseos en otra idea fantástica de lo que pudiera ser nuestra vida. Una conexión electrizante no es una relación de almas gemelas; el amor y la compatibilidad no son lo mismo.

El pensamiento psíquico nos separa de la realidad. En lugar de la lógica, ponemos las emociones por delante, unas que por lo general son incorrectas, poco confiables y por completo sesgadas de lo que queremos creer.

Pero, sobre todo, el pensamiento psíquico es pésimo para tu salud mental. Alimenta la ansiedad y la depresión. No es solo que algo nos asuste o nos moleste; es que creemos que el pensamiento debe no solo ser real, sino predecir eventos futuros. En vez de sentir que estamos teniendo un mal día, el pensamiento psíquico nos lleva a asumir que nuestra vida es terrible.

Escuchamos «confía en ti» y empezamos a compararnos con oráculos cuyos pensamientos o sentimientos indican que algo está por venir.

De hecho, el pensamiento psíquico ha adquirido una perspectiva por completo nueva debido al auge de la psicología pop, que se remonta a los años cincuenta y sesenta. Confía en ti, te dicen los gurús. Muy en el fondo, sabes la verdad.

Esto es válido. Literalmente, tus intestinos están conectados a tu tallo cerebral. Las bacterias de tu estómago responden al conocimiento inteligente del inconsciente más rápido que tu mente. Por eso es que, de hecho, tu «intestino» está en lo correcto de manera instintiva. Pero, cuando se da este consejo a personas que no pueden diferenciar una intuición de un miedo o de un pensamiento pasajero sin ninguna relación con la realidad ni con su vida en general, se convierte en una práctica peligrosa, en la cual terminan atoradas o limitadas por completo porque asumen que todos sus sentimientos casuales son reales —y, por lo tanto, no solo reales, sino una predicción de lo que está por venir.

El pensamiento psíquico no es otra cosa que una serie de sesgos cognitivos. Los que más destacan son los siguientes:

CONFIRMACIÓN

Los estímulos inundan tu cerebro todo el tiempo. Para ayudarte a procesar, tu mente consciente percibe cerca del

10% de estos, o menos; mientras que tu mente inconsciente sigue poniendo atención, archivando información que algún día podrías necesitar.

Sin embargo, lo que determina qué va a conformar ese 10% de nuestra percepción consciente tiene mucho que ver con lo que ya creemos. Nuestro cerebro está trabajando para desechar información que no sustenta nuestras ideas preexistentes y, entonces, dirige nuestra a atención a la que sí lo hace. Esto significa que estamos sujetos a un «sesgo de confirmación», en el que, literalmente, examinamos y tratamos de encontrar estímulos que apoyen lo que queremos pensar.

Extrapolación

La extrapolación ocurre cuando tomamos nuestras circunstancias actuales y las proyectamos en el futuro. Ryan Holiday lo dice mejor: «Este momento no es mi vida. Es un momento de mi vida».

La extrapolación nos hace creer que somos la suma de nuestras experiencias actuales y pasadas, que los agentes estresantes o preocupaciones que experimentamos en este momento son con los que estaremos lidiando por el resto de nuestra vida. Incapaces de ver a través del problema inmediato, asumimos que nunca se resolverá. Desafortunadamente, puede volverse una profecía autocumplida. Si la idea de que nunca vamos a superar nuestros problemas nos vence o agota con tanta facilidad, se vuelve más probable que nos aferremos a ella demasiado tiempo, en lugar de que, por lógica, tratemos de resolverlos.

Efecto de reflector

Todos piensan que el mundo gira en torno a ellos. Te la pasas pensando en ti y en tus propios intereses todo el día, todos los días. Puede ser difícil recordar que los demás no están pensando en nosotros con tal insistencia: están pensando en sí mismos.

El efecto de reflector es lo que ocurre cuando imaginamos que nuestra vida es escénica, o que está «en exhibición» para que otros la consuman. Recordamos las últimas dos o tres cosas vergonzosas que hemos hecho e imaginamos que los demás también están pensando en ellas de forma activa. ¿Puedes recordar las últimas dos o tres cosas vergonzosas que alguien más haya hecho? Por supuesto que no puedes ya que no estás poniendo atención.

Ser el centro de atención nos crea la falsa impresión de que el mundo se trata por completo de nosotros, cuando no lo es.

Cuando estos y otros sesgos se combinan con el pensamiento psíquico, o con la idea de que nuestras suposiciones y sentimientos acerca del mundo se trasladarán a la realidad, se vuelven dañinos, y sobre todo incorrectos. Nuestra energía se emplea mejor cuando la enfocamos hacia el momento —el infinito «ahora», dirán los místicos—, que cuando tratamos de predecir qué pasará en seguida, porque lo cierto es que el pasado y el futuro son ilusiones en el presente, y el presente es todo lo que tenemos.

En vez de tratar de utilizar tu inteligencia para lidiar con lo que sigue, intenta mejorar en donde estás ahora. Es lo que en verdad cambiará los resultados de tu vida.

LOS LAPSUS LÓGICOS TE ESTÁN CAUSANDO UNA PROFUNDA ANSIEDAD

La mayor parte de la ansiedad que experimentas en la vida es el resultado de habilidades de pensamiento crítico ineficientes. Podrías asumir que, como eres ansioso, eres alguien que piensa de más, alguien que se obsesiona con los resultados improbables y temibles más de lo razonable. La realidad es que eres alguien que piensa de menos, es decir que no toma en cuenta todos los factores.

Te estás perdiendo una parte de tu proceso de razonamiento.

Empecemos por el principio. La ansiedad es una emoción normal que cada persona experimenta en cierto punto de su vida, por lo general cuando las circunstancias son estresantes, tensas o temibles. Cuando la ansiedad es crónica y comienza a interferir con la funcionalidad del día a día, se vuelve un trastorno clínico.

Comprendemos la importancia de hablar de la salud mental con el mismo grado de legitimidad que de la salud física. Sin embargo, del mismo modo en que nos preguntaríamos con qué se sigue tropezando alguien si de forma repetida se tuerce el tobillo, mucha de la ansiedad es circunstancial, al igual que muchas otras enfermedades. En específico, la ansiedad tiende a resultar de una incapacidad de procesar con exactitud circunstancias estresantes que están en curso.

Si queremos sanar, tenemos que aprender a procesar.

Esto aplica para todos, no solo para aquellos con un diagnóstico.

Una de las marcas distintivas de la ansiedad es el pensamiento rápido, debido a que te enfocas en un asunto con tanta profundidad y por tanto tiempo que crees estarlo analizando con toda minuciosidad, y que, por lo tanto, estás llegando a la conclusión más probable. Sin embargo, ocurre lo contrario.

Estás experimentando un lapsus lógico. Estás saltando al peor escenario porque no estás pensando con claridad y, entonces, atraes tu respuesta de lucha o huida pues el peor escenario hace que te sientas amenazado. Por eso te obsesionas con esa idea específica y aterradora. Tu cuerpo responde como si fuera una amenaza inmediata y, hasta que no la «venzas» o superes, tu cuerpo hará su trabajo, que consiste en mantenernos en modo de defensa, lo que en realidad es un estado elevado de conciencia acerca del «enemigo».

¿QUÉ ES UN LAPSUS LÓGICO?

Piensa en algo a lo que no le tengas miedo. Puede ser algo que a otras personas les inspire temor.

Quizá no te da miedo viajar en avión. A muchas personas les da. Tal vez no te da miedo estar soltero. A muchas personas les da. A lo mejor no le tienes miedo al compromiso. Muchas personas sí. Seguro que puedes pensar en al menos una cosa en tu vida que de verdad no te dé miedo.

¿Por qué no te da miedo? Porque no tienes un lapsus lógico.

Puedes visualizarte viajando en avión y bajándote de él con éxito, sin asustarte. Puedes visualizarte feliz estando soltero o feliz y comprometido. Aun cuando fuera a pasar lo peor, puedes analizar al detalle una situación completa: desde su exposición hasta el clímax y su conclusión. Tú sabes lo que harías. Tienes un plan.

Cuando experimentas un lapsus lógico, el clímax se vuelve la conclusión. Imaginas una situación, asumes que entrarás en pánico y, entonces, como estás asustado, ya nunca examinas al detalle el resto del escenario. Nunca piensas en cómo lo superarías, qué harías en respuesta ni cómo seguirías adelante con tu vida después. Si pudieras hacer esto, no le tendrías miedo, porque no pensarías que tuviera el poder para «terminarte».

Es por esto que la exposición es el tratamiento más común para el miedo irracional. Al reintroducir el agente estresante en tu vida de una manera segura, puedes reestablecer una línea de pensamiento más sana y tranquila. En esencia, te pruebas a ti mismo que estarás bien, aun si algo que dé miedo ocurriera (que la mayoría de las veces no pasa).

De cualquier forma, la fortaleza mental no es solo esperar que nada vaya mal nunca. Es creer que tenemos la capacidad de manejarlo en caso de que sea así.

Quizá todavía no tienes esa seguridad en ti mismo. Está bien. No es algo con lo que hayas nacido: es algo que construyes despacio, conforme pasa el tiempo. Lo desarrollas con la práctica, abordando pequeños problemas y luego aprendiendo mecanismos de afrontamiento sanos y habilidades de razonamiento efectivas.

La cuestión es que hay millones de cosas atemorizantes que nos pueden pasar en la vida. Es una verdad que aplica para todos. El estar obsesionados con un temor tras otro no se debe a que una amenaza sea más inminente o probable, sino porque estamos menos convencidos de poder responder ante ella.

Para sanar, no necesitamos evitarla. Necesitamos desarrollar la lógica para ver las situaciones por lo que son y responder a ellas de manera apropiada.

Muy a menudo, nuestra ansiedad más grande no viene de lo que está pasando en realidad, sino de cómo pensamos lo que está pasando. Con eso, reclamamos nuestra libertad y poder emocional.

LAS INFERENCIAS ERRÓNEAS TE IMPIDEN EL ÉXITO

Si estás familiarizado con los tipos de complexión, seguro te suenan los términos *endomorfo, mesomorfo* y *ectomorfo*. Aunque, de hecho, todas las personas se encuentran en alguna parte de este espectro (lo que significa que todas presentan diversos grados de cada tipo), los rasgos que de manera innata te corresponden son por lo general tu tipo primario de cuerpo.[10]

Si has estudiado estos tipos, sabrás que los cuerpos endomórficos muchas veces están asociados a una mayor retención de grasa. La suposición aquí es que estas personas tienen el peor metabolismo, lo cual es falso. En realidad, los endomorfos tienen mejor metabolismo que cualquiera. Hoy están vivos porque sus ancestros se adaptaron de forma adecuada para sobrevivir. Sus metabolismos hacen justo lo que deben hacer: almacenar grasa para su uso posterior.

Algo similar ocurre con personas muy inteligentes que experimentan altos niveles de ansiedad. Asumes que, como son listos, podrían usar la lógica para deshacerse de miedos irracionales. (Con frecuencia, los lapsus lógicos o la incapacidad para razonar de forma adecuada generan ansiedad).

Sin embargo, sus cerebros están haciendo justo lo que se supone que deben hacer: unir estímulos no relacionados e identificar amenazas potenciales.

Las personas que son muy inteligentes presentan una función psicológica que otras no tienen: la capacidad de realizar inferencias. Pueden extraer el significado y la comprensión de cosas que otros solo aceptan sin cuestionar. Por eso la gente que tiene un ci bastante alto batalla a menudo con cosas básicas como las habilidades sociales o manejar un coche. Quienes son muy inteligentes ven el mundo tridimensional mientras otros lo ven unidimensional. Piensan con más profundidad de lo que a menudo se necesita. Esto les confiere la capacidad de crear, comprender, establecer estrategias e inventar.

Del mismo modo en que el excelente metabolismo de los endomorfos puede jugar en su contra, así también puede hacerlo el cerebro de alguien muy inteligente. Esto es porque a veces realizan lo que se denomina «inferencias erróneas», que es cuando, a partir de evidencia válida, se cae en falacias, sesgos y suposiciones incorrectas.

Lo que pasa en tu cerebro cuando te sientes muy ansioso es que tomas un estímulo a menudo inocuo y de él extraes una especie de significado o predicción. Cuando estás asustado, tu cerebro trabaja a toda marcha para identificar aquello que podría lastimarte y, entonces, se le ocurren maneras creativas para evitar por completo dicha experiencia. Mientras más listo eres, mejor te vuelves en eso.

Sin embargo, mientras más evitas el miedo, más intenso se hace.

¿QUÉ ES UNA INFERENCIA ERRÓNEA?

Una inferencia errónea es cuando llegas a una conclusión falsa basada en evidencia válida.

Esto quiere decir que lo que estás viendo, experimentando o entendiendo puede ser real, pero las suposiciones que estás formando a partir de ello o bien no son reales o son bastante improbables.

Un ejemplo es la generalización apresurada, es decir cuando haces una afirmación acerca de un grupo entero de personas basado en una o dos experiencias. Este es el sesgo que se encuentra en la base del racismo y otros prejuicios. Otro ejemplo es el *post hoc ergo propter hoc* (ocurre después de esto; por lo tanto, es a causa de esto), cuando asumes que, como dos cosas pasan al mismo tiempo, entonces deben estar relacionadas, hasta si no lo están.

Una falsa dicotomía ocurre cuando asumes que solo hay dos posibilidades que pueden ser válidas, pero en realidad hay muchas más de las que no eres consciente. Por ejemplo, cuando tu jefe te llama para una junta privada y asumes o que te va a ascender o que te va a despedir. Una pendiente resbaladiza —para seguir el ejemplo— es otra inferencia falsa en la que asumes que un evento desencadenará una serie de otros eventos, aunque ciertamente no lo hará.

Estas son nada más algunas de tantas maneras en que tu cerebro puede, de cierta forma, traicionarte. Aunque tu cerebro pretende mantenerte alerta y consciente, a veces la amenaza se vuelve sobredimensionada. Incapaz de descifrar la diferencia, tu cuerpo responde sin importar nada.

¿CÓMO LO CORRIJO?

Corregir las inferencias erróneas comienza por tomar conciencia de que las estás realizando. En la mayoría de los casos, una vez que te das cuenta de que estás pensado en una falsa dicotomía o cayendo en una generalización apresurada, dejas de hacerlo. Comprendes lo que es y lo dejas ir.

Entrenar tu cerebro para que deje de hacerlo de manera automática toma tiempo. Imagina tu mente como un buscador que autocompleta los términos. Si es algo que has introducido muchas veces en el transcurso del tiempo, va a aparecer todavía por un tiempo. Tienes que trabajar en añadir nuevos pensamientos, opciones y estímulos de manera consistente para cambiar lo que tu mente sugiere de forma natural.

Esto no solo es posible: es inevitable. Lo que haces con regularidad es a lo que te adaptas. Tu cerebro empezará a reorientar tu zona de confort y, al final, se sentirá igual de natural pensar de manera lógica como alguna vez se sintió pensar de manera dramática. Se sentirá igual de natural estar tranquilo como ahora se siente tener ansiedad. Se requiere estar consciente y toma tiempo. Pero siempre es posible.

LA PREOCUPACIÓN ES EL SISTEMA DE DEFENSA MÁS DÉBIL

La reflexión es la cuna de la creatividad. Ambas están controladas por la misma área del cerebro.[11]

Esa es la razón neurológica de que haya un estereotipo acerca de las «creatividades depresivas». Cualquier artista te dirá que los tiempos más duros de su vida inspiraron su obra más revolucionaria. Sin embargo, no te dirán que la crisis no es necesaria para funcionar.

«Bueno, por supuesto que no», estarás pensando. La crisis es el peor escenario. Y, sin embargo, ¿cuántos de nosotros entramos en un estado de pánico ante el miedo de que dicho «escenario menos probable» se vuelva realidad? ¿Cuántos de nosotros, en un esfuerzo por blindarnos del pánico, de hecho cada día creamos una crisis a partir del miedo?

No es que seamos masoquistas. Somos seres extremadamente inteligentes que funcionamos de manera inconsciente. Hay algo que nuestro cerebro entiende: si imaginamos nuestros peores miedos, podemos prepararnos para ellos. Si les damos vueltas una y otra vez, podemos sentirnos protegidos de cierta forma. Si estamos listos para la tormenta, no podrá lastimarnos.

Excepto que sí puede.

Preocuparse en exceso no es un mal funcionamiento. No tienes menos carácter porque no puedas «solo parar» y «disfrutar la vida». La preocupación es un mecanismo de defensa inconsciente. Es lo que hacemos cuando algo nos importa tanto que también estamos aterrados de que nos pueda herir, así que nos preparamos para luchar por ello.

¿Qué es lo exactamente opuesto a tu miedo? Eso es lo que quieres. Eso es lo que deseas tanto que llegarías al límite de tu cordura por defenderlo.

No hay nada de malo en ti por pensar de esta forma, pero tampoco hay nada de malo en ti por estar listo para moverte en una nueva dirección.

Lo cierto es que preocuparnos no nos protegerá de la manera en que creemos que lo haría. No podemos llegar antes que el miedo a la meta. La preocupación nos hace más sensibles a una infinidad de posibles resultados negativos. Cambia nuestra mentalidad a esperar, buscar y crear el peor escenario. Si una crisis estuviera por ocurrir, comenzaríamos a entrar en pánico, porque nuestro cerebro y nuestro cuerpo llevan mucho tiempo preparándose para esta guerra épica.

De no haber premeditado estos miedos de forma tan excesiva, no estaríamos tan impactados si en efecto ocurrieran. Veríamos la situación por lo que es y responderíamos en consecuencia.

Ahí es donde el ciclo desagradable se forma: una vez que nos preocupamos muchísimo por algo que es por completo descabellado y no sucede —porque, claro, nunca iba a pasar—, comenzamos a asociar preocupación con seguridad. ¿Ves? Analicé esto a detalle tantas veces que lo he evitado.

Pero eso no es lo que está pasando en absoluto.

Nada más decirle a alguien que deje de preocuparse y esté presente refuerza su impulso a tener miedo, porque, en efecto, le estás pidiendo que baje la guardia. Hacerte sentir más vulnerable tú mismo cuando ya estás al borde no es la respuesta.

En vez de eso, tienes que encontrar una forma diferente de sentirte a salvo.

En lugar de perder tiempo ensayando cuánto pánico vas a sentir si tal o cual situación aconteciera, imagina qué haría un tercero en tus zapatos para manejar la situación. Imagina llegar al otro lado del problema, o incluso tomarlo como una oportunidad para crear algo que de otra manera no podrías.

En lugar de perder tiempo reduciéndote por miedo a la posibilidad de enfrentar algún tipo de adversidad, trabaja para desarrollar tu autoestima y ten la certeza de que, aunque fallaras, no se te juzgaría, exiliaría u odiaría de la forma en que temes.

En lugar de perder tu vida tratando de identificar la siguiente situación por la cual preocuparte y a la cual superar, aprende a moverte bajo un nuevo patrón de pensamiento. Uno en el que reconozcas que necesitas compensar lo malo con lo bueno para vivir una vida justa y plena. La estabilidad y la plenitud, la salud y la vitalidad son tu derecho natural. Tienes permitido tener todo lo que deseas. Tienes permitido estar en paz.

Esta preocupación es tan primaria por la forma en que satisface una profunda necesidad de sentir que hemos conquistado y que, por lo tanto, estamos protegidos y a salvo. Pero, al mismo tiempo, nuestro malestar por dicha preocupación es un aspecto más elevado de nosotros diciéndonos que no es necesario y que, de hecho, nos está alejando de las personas con quienes queremos y debemos estar.

Hay una mejor manera de saciar nuestra sed emocional, y no es luchar contigo mismo por tu paz interior.

CAPÍTULO 5

SOLTAR EL PASADO

A LO LARGO DE NUESTRA VIDA, atravesaremos de forma rutinaria un proceso para reinventarnos.

Nuestra naturaleza es cambiar con el tiempo; estamos diseñados para evolucionar. Nuestro cuerpo nos lo muestra cuando eliminamos y reemplazamos nuestras células, al grado de que algunos argumentan que, básicamente, volvemos a ser «nuevos» por completo cada siete años.[12]

Nuestro crecimiento mental y emocional sigue un proceso similar, aunque tiende a ocurrir con mucha más frecuencia. Cobra sentido, entonces, que nuestro sufrimiento más profundo venga de la resistencia a este proceso natural. Sentimos dolor porque, a pesar de que debemos cambiar nuestra vida, nos aferramos a los escombros del pasado. Conforme arrastramos emociones no resueltas de un día a otro, poco a poco trasladamos nuestros traumas pasados hacia nuestra vida futura.

Soltar el pasado es un proceso y una práctica (que debemos aprender). Aquí es donde empezamos.

CÓMO EMPEZAR A SOLTAR

No puedes forzarte a soltar, no importa cuánto sepas que quieres hacerlo.

Justo ahora se te está llamando a soltar tu versión anterior: tus aflicciones previas, tus relaciones pasadas y toda la culpa por el tiempo que pasaste negándote a ti mismo lo que en verdad querías o necesitabas en la vida. Recuperarse del autosabotaje siempre requiere un proceso de soltar.

Sin embargo, no puedes forzar que algo salga de tu mente, no importa cuánto desees que no esté allí.

No es posible que nada más sueltes, te relajes un poco y te ordenes dejar de pensar por completo en algo que solía estar en el centro de todo tu mundo.

No funciona así.

No vas a soltar justo en el momento que alguien te diga «sigue adelante», o el día que te des cuenta de que tendrás que admitir cierta derrota, o en el instante sobrecogedor que sientas que la esperanza es, de hecho, inútil.

No sueltas solo porque quieres que ya no te importe. Eso lo asumirían las personas que nunca se han aferrado en verdad a algo. Eso lo creen quienes nunca han tenido un apego profundo a algo por una sensación de seguridad, de amor y de futuro.

No tiene nada de malo que casi te enojes cuando te dicen que solo lo «dejes ir» con tanta despreocupación, como si no pudieran entender las tormentas de tu mente y tu corazón.

¿Cómo podrías volverte tan pasivo con lo que tanto tiempo y tanto te ha costado conservar y restaurar?

No puedes, y no lo haces.

Comienzas a soltar el día que das un paso encaminado a construir una nueva vida y, entonces, te permites echarte en la cama y mirar el techo y llorar todo el tiempo que necesites.

Comienzas a soltar el día que te das cuenta de que no puedes seguir girando en torno a un hueco faltante en tu vida, y que avanzar como lo hacías antes no es una opción.

Comienzas a soltar en el momento en que te das cuenta de que este es el impulso, este es el catalizador, este es ese momento del que están hechas las películas, del que se escriben los libros y que inspira canciones.

Este es el momento en el que te das cuenta de que nunca encontrarás la paz permaneciendo entre las ruinas de lo que solías ser.

Solo podrás seguir adelante si empiezas a construir algo nuevo.

Sueltas cuando construyes una nueva vida, tan envolvente, atractiva y emocionante que poco a poco, con el tiempo, te olvidas del pasado.

Cuando tratamos de forzarnos a «soltar» algo, nos agarramos de ello con más fuerza, más empeño y más vehemencia que nunca antes. Es como si alguien te dice que no pienses en un elefante blanco: eso es lo único en lo que podrás enfocarte.

En este sentido, nuestro corazón trabaja igual que nuestra mente. Mientras nos digamos que debemos soltar, más profundo vamos a sentir el apego.

Así que no te estés diciendo que sueltes.

En vez de eso, hazte saber que tienes permitido llorar todo el tiempo que necesites. Que tienes permitido estar destrozado y ser un desastre, y dejar que tu vida colapse y se derrumbe. Hazte saber que tienes permitido dejar que tus cimientos se vengan abajo.

Te darás cuenta de que aún estás de pie.

Lo que construyas como consecuencia y en el periodo posterior a la pérdida será tan profundo y tan asombroso que te darás cuenta de que quizá la pérdida era parte del plan. Quizá despertó una parte de ti que, si no hubieras estado presionado de la forma en que lo estuviste, habría permanecido inactiva.

Si estás seguro de que no puedes soltar lo que te está lastimando, entonces no lo hagas.

Pero da un paso hoy, y otro mañana, para reconstruir una vida por ti mismo. Paso a paso, día con día.

Porque, tarde o temprano, pasará una hora y te darás cuenta de que no pensaste en tus aflicciones ni en tu pérdida. Luego pasará un día, una semana…; después pasarán los años, y jirones de tu vida se irán, y todo lo que pensaste que te quebraría resultará un recuerdo lejano, algo que voltearás a ver y que te hará sonreír.

Todo lo que pierdes se vuelve algo por lo que estás profundamente agradecido. Con el tiempo ves que ese no era el camino. Era lo que se interponía en tu camino.

EL TRUCO PSICOLÓGICO PARA SOLTAR LAS EXPERIENCIAS PASADAS

Solo porque una experiencia haya terminado, no significa que esté superada.

Almacenamos en nuestros cuerpos experiencias emocionales inconclusas y no resueltas. En cuanto a lo cognitivo, a menudo nos encontramos impedidos por los momentos en que se nos dañó o en que vivimos eventos traumáticos. Nos asustamos, nunca superamos el miedo y, en consecuencia, dejamos de crecer.

Con frecuencia no nos percatamos de que las experiencias que más nos duelen no son, por lo general, ante las que somos más indiferentes: hay algo en ellas que deseábamos bastante o que aún queremos. No nos sentimos destrozados por una ruptura; estuvimos destrozados por querer un amor que no era adecuado para nosotros. No estuvimos devastados por una pérdida; estuvimos devastados porque quisimos desesperadamente que esa persona o situación permaneciera en nuestra vida.

Nos quedamos mentalmente atrapados en esos lugares de los que aún ansiamos tener una experiencia. No nos damos cuenta de que debemos liberarnos de ella para poder avanzar y crearla en tiempo real.

En vez de aceptar las formas en las que pensamos que la vida no funcionó, tenemos que ser capaces de ver lo que estaba en el centro de nuestro deseo y encontrar una manera de brindarnos dicha experiencia ahora.

Si de verdad quieres soltar una experiencia pasada, tienes que entrar de nuevo en ella a través de tu memoria. Cierra los ojos y encuentra una sensación en tu cuerpo que sea incómoda.

Este es tu portal a su origen. Sigue la sensación y pídele que te muestre dónde comenzó. Recordarás un tiempo, un lugar o una experiencia. A veces el recuerdo está lo bastante fresco que no necesitas hacer esto, y puedes volver a entrar en el recuerdo con solo imaginar que has regresado adonde todo comenzó.

Ahora, lo que tienes que hacer es conferirle una narrativa a tu versión más joven. Necesitas imaginar que, bajo una versión de ti con más edad, ya sana y feliz, estás transmitiendo un poco de sabiduría.

Imagina que estás sentado junto a una versión más joven de ti, con el corazón roto, y le explicas que, sin duda, su dolor es para bien y que, aunque él o ella aún no puede saberlo, hay otra relación allá fuera que es mucho mejor.

Imagina que estás sentado junto a una versión más joven de ti, quien se siente abatida o abatido, y le aconsejas qué necesita hacer para sentirse mejor: a quién debe llamar, adónde tiene que ir, qué necesita empezar a hacer y qué necesita dejar de hacer.

Sobre todo, imagina que le dices a tu versión más joven que absolutamente todo —sí, todo— va a estar bien. Que su miedo es infundado en gran medida, que vienen cosas mejores y que la vida tendrá un buen resultado al final.

Tienes que hacer esto para soltar el viejo apego y permitir que esa parte de ti se reincorpore al momento presente y a lo que hay en este.

Si bien no puedes cambiar lo que ocurrió en el pasado, al modificar tu perspectiva, puedes cambiar cómo te encuentras en este momento. Puedes cambiar la historia y puedes cambiar tu vida. Puedes dejar de aferrarte a la antigua vida en la que se te exigía ser alguien que por naturaleza no eres.

Lo cierto es que, cuando tenemos un apego poco sano por algo del pasado, a menudo nuestra perspectiva respecto a ello está distorsionada. No vemos la realidad por lo que es, y debemos ayudarnos a ser capaces de ampliar nuestra mentalidad y abrirnos a la verdad. En vez de anhelar lo que no obtuvimos en ese entonces, debemos liberarnos del pasado y comenzar a emplear nuestra energía en construir tal experiencia a partir de este momento.

Cuando hacemos esto, nos volvemos libres de entrar en el campo del potencial infinito. Nos volvemos libres de ser la persona que siempre deseamos y tener lo que siempre quisimos. El tiempo es ahora y el lugar es aquí.

Darle vueltas al pasado no significa que quieras regresar a él.

No ser capaz de olvidar lo que pasó no significa que estés contento de seguir reviviéndolo una y otra vez, aun cuando en este momento sí lo estés.

Lo más salvaje de la vida es la austeridad con la que sigue su curso. Pierdes a una persona cercana y el mundo te concede unos cuantos días para llorarla, y luego se espera que solo sigas adelante. Atraviesas una situación que cambia tu vida, altera tu mente e implica un profundo trauma; entonces, te das cuenta de que la sociedad solo tiene un rango restringido para tolerar tu miedo.

Esto es lo que se te permite: está bien que llores y se te perdona estar triste o cancelar algunos planes por aquí y por allá. Tienes permitido tomarte unos días de licencia laboral y acudir a alguien que te escuche para desahogarte unas cuantas veces.

Pero procesar y aceptar la gravedad de algo que cimbró hasta la última fibra de tu ser no es algo que puedas hacer en un día de licencia por estrés. No es algo para lo que el mundo te conceda suficiente tiempo, ni razón para estropear el trabajo. Sigues adelante.

Un día despiertas y descubres que has avanzado en todos los aspectos reconocibles. Estás a tantos kilómetros de donde empezaste que ni siquiera puedes recordarlo con claridad. Pero estás subestimando el hecho de que, aunque puedas dejar un lugar, o una persona, o una situación…, no puedes dejarte a ti mismo.

¿Por qué sería una sorpresa que sigas pensando en el pasado? No se te dio la oportunidad de iluminar esa oscuridad en particular y examinarla con atención. No se te dio mucho de nada en absoluto.

Cuando tu mente está atorada en el pasado, no es porque ella quiera regresar ahí, sino porque te afectó de una manera mucho más profunda de lo que nunca te diste cuenta, y las réplicas todavía te estremecen.

Surgen como pensamientos aquí y allá, pero bajo la superficie hay un eco profundo que tiene el poder de colocarte de nuevo justo donde estabas como si nunca te hubieras ido.

Puedes dejar el país, casarte, labrarte toda una carrera nueva, salir con otras 12 personas, encontrar un grupo de amigos totalmente nuevo, sentirte más feliz y realizado que nunca, y aun así lamentarte por lo que tu versión más joven atravesó.

Aunque seas diferente por fuera, esa parte de ti todavía existe adentro. Esa versión más joven no solo quiere que sigas caminando, quiere que te des la vuelta y la reconozcas.

Lo harás, con el tiempo.

No estás mal o roto por sentirte como te sientes. Respondiste a tus circunstancias como cualquier persona sana lo hubiera hecho. Si alguien más estuviera en tus zapatos, habría reaccionado exactamente igual. Se sentiría exactamente igual.

Eras una persona sana que pasó por algún episodio traumático y respondió en consecuencia.

Eres alguien que siguió adelante porque no tuvo opción, pero que no estaba tan harto como para desvincularse por completo del pasado.

El hecho de que aún puedas recordar lo que pasó es una señal de que eres más sano de lo que piensas, con más disposición para sanar de lo que te das cuenta, y más indulgente de lo que nunca imaginaste que podrías ser. Todo aquello que te ha perseguido está emergiendo a tu conciencia para que puedas verlo y retirarte con elegancia.

No eres la persona que eras, incluso si todas esas piezas aún forman parte importante de ti.

No estás roto por sentir dolor; te estás encaminando a salir de él.

SOLTAR EXPECTATIVAS
POCO REALISTAS

No es muy valiente decir que amas tu cuerpo solo después de que lo has trabajado hasta que se ve precisamente como quieres.

No es muy valiente decir que no te importan las posesiones cuando tienes acceso a todo en el mundo.

No es muy valiente decir que no te motiva el dinero cuando tienes el suficiente.

Cuando solo encuentras felicidad y paz después de que has arreglado cada defecto y superado cada obstáculo, y estás decidido viviendo en el «epílogo» de la película de tu vida, no has resuelto nada.

Solo has reforzado la idea de que no puedes estar bien hasta que todo esté perfecto.

Lo cierto es que no cambias tu vida cuando arreglas cada pieza y a eso le llamas sanar.

Cambias tu vida cuando comienzas a mostrarte tal como eres. Cambias tu vida cuando estar feliz aquí se vuelve cómodo para ti, aunque quieras ir más allá. Cambias tu vida cuando puedes amarte a ti mismo, aunque no te veas justo como quieres. Cambias tu vida cuando mantienes tus principios ante el dinero, el amor y las relaciones; cuando tratas a los desconocidos tan bien como tratas al director ejecutivo del lugar donde trabajas; cuando administras mil dólares de la forma como administrarías 10 mil.

Cambias tu vida cuando empiezas a hacer lo que en verdad da miedo: mostrarte tal como eres.

La mayoría de los problemas que existen en nuestra vida son distracciones de un problema real, que consiste en que no nos sentimos cómodos en el momento presente, tal como somos, aquí y ahora.

Así que primero debemos sanar. Debemos abordarlo desde el inicio. Porque todo lo demás se construye a partir de eso.

Debemos ser valientes y afrontar nuestra incomodidad, tolerarla aunque nos revuelva el estómago y nos pellizque la cara y nos asegure que nunca encontraremos una salida. (La encontraremos).

Debemos escuchar lo que está mal, sentirlo, pasar a través de ello, permitirle ser.

Lo cierto es que esta incomodidad es el verdadero problema, y que estamos corriendo en círculos tratando de arreglar cosas que al final no son más que síntomas.

Si logramos estar bien con el dinero, pasamos a nuestro cuerpo. Si estamos bien con nuestro cuerpo, pasamos a nuestras relaciones. Una vez que sorteamos todo lo que nos preocupa, empezamos desde el principio, tratamos de subir de nivel, de cambiar, de arreglar, de identificar cualquier problema excepto el problema real inmediato.

Cuando comienzas a mostrarte tal como eres, empiezas a cambiar tu vida de forma radical.

Empiezas a recibir amor auténtico. Empiezas a realizar un mejor trabajo que te reditúa más y te implica menos esfuerzo. Empiezas a reír, a disfrutar de nuevo las cosas. Empiezas a darte cuenta de que solo necesitabas algo sobre lo cual proyectar esos miedos, por cual escogiste los aspectos más vulnerables y comunes de la vida.

Cuando comienzas a mostrarte tal como eres, te dejas de tonterías.

Le declaras al mundo que no solo te amarás cuando él te considere digno.

No solo tendrás valores cuando tengas todo lo que alguna vez pudiste necesitar.

No solo serás alguien de principios una vez que llegues adonde quieres estar.

No serás feliz hasta que alguien te ame.

Cuando te muestras como eres, rompes este esquema.

La bondad de la vida ya no está reservada para una versión de ti que quizá ya nunca serás.

Esta siempre fue una táctica para explicarte a ti mismo por qué no podías sentirte bien de forma natural, antes de saber cómo empezar a mostrarte ante los demás y dar permiso a tus sentimientos. Cuando aún vivías en la oscuridad, tenías que reprimirlo y proyectarlo en otros aspectos. Ya no.

Te estás mostrando como eres hoy en día y estás tomando lo que es tuyo, no lo que le pertenece a una versión imaginaria de ti. No aquello para lo que consideras que el mundo te ha destinado. Tú, aquí, ahora.

Esa es la verdadera sanación.

De hecho, el universo no permite la perfección. Sin rupturas y brechas, no habría crecimiento. La naturaleza depende de la imperfección. Las fallas crean montañas, las implosiones de las estrellas se vuelven supernovas y la muerte de una estación abre paso al renacimiento de la que sigue.

No estás aquí para cumplir justo con la expectativa que has armado en tu cabeza. No estás aquí para hacer todo precisamente bien y precisamente a tiempo. Hacerlo requeriría despojar tu vida de toda espontaneidad, curiosidad y asombro.

LO QUE SE SALE DEL CAMINO ESTÁ DESPEJANDO EL CAMINO

No hay nada que puedas hacer para ganarte a alguien o algo que no esté destinado a ser tuyo.

Puedes pelearte con todo lo que tienes. Puedes aferrarte todo el tiempo que puedas. Puedes obligarte a entrenar tu mente para invalidar una a una las señales. Puedes haber dado por hecho quiénes eran tus amigos a partir de sus mensajes de texto y sus *mails*. Puedes decidir que sabes lo que es mejor y adecuado para ti. Sobre todo, puedes esperar.

Puedes esperar por siempre.

Lo que no es adecuado para ti nunca permanecerá en tu vida.

No hay trabajo, persona o ciudad que puedas forzar a ser el adecuado para ti si no lo es, aunque por un rato puedas pretenderlo. Puedes jugar contigo mismo, puedes justificar y poner ultimátums. Puedes decir que tratarás solo un poco más, y puedes inventar excusas para justificar que las cosas no estén funcionando en este momento.

Lo cierto es que lo que es adecuado para ti llegará a ti y se quedará contigo y no se apartará de ti por largo tiempo. Lo cierto es que, cuando algo es adecuado para ti, te da claridad; mientras que, si es inadecuado, te trae confusión.

Te atoras cuando intentas que algo que es inadecuado para ti se vuelva adecuado. Cuando tratas de forzarlo a que ocupe un lugar en tu vida que no le corresponde. Te quiebras; alimentas un conflicto interno que no puedes resolver. Mientras más se intensifica, más lo confundes con pasión. ¿Cómo podrías considerar tan importante algo que no está bien?

Puedes porque te es posible utilizar tu mente para formar apegos. Puedes enamorarte de lo potencial en vez de lo real. Puedes proyectar y planificar simulacros en tu cabeza de cómo pasarás el resto de tus días cuando las cosas por fin tomen su debido lugar. Puedes depender de una vida de fantasía en la que todo lo que crees querer se ha arraigado en tu vida diaria.

Pero, si no está llegando, es solo eso: una fantasía. Y, cuando empezamos a creer con tanta fuerza en una ilusión, se convierte en un delirio. Y un delirio puede ser en verdad algo convincente.

Lo cierto es que las cosas que no son adecuadas para ti nunca permanecerán contigo. Aunque quieras pretender que no sabes si este es el caso, lo sabes. Puedes sentirlo. Es por eso que tienes que sujetarlas tan fuerte y casi no ceder. En cambio, las cosas que son adecuadas para ti pueden estar libres de tu control. No tienes que convencerlas de que son adecuadas. No tienes que alinear la evidencia como si estuvieras defendiendo tu caso.

A veces nos perdemos en viejos sueños. Nos perdemos en la vida que los demás querían que tuviéramos. Nos atoramos en lo que pensamos que deberíamos ser, en lo que asumimos que tendríamos. Nos descarrilamos por todas las ideas que nos rondan la cabeza acerca de lo que podría ser, y debería ser, si tan siquiera las cosas fueran diferentes, si tan siquiera todo encajara.

Por eso la vida nos da esta especie de seguro. A veces, nos aparta de lo que es inadecuado para nosotros cuando no queremos verlo por nosotros mismos.

Porque la verdad es que no queremos lo que no es adecuado para nosotros, solo sentimos apego por ello. Solo tenemos miedo. Solo estamos atorados bajo el supuesto de que no habrá nada mejor que lo reemplace, que su ausencia abrirá un pozo de sufrimiento infinito y sin fondo que no tendrá solución. No queremos lo que no es adecuado para nosotros, es solo que tenemos miedo de soltar lo que creemos que nos dará seguridad.

Lo curioso es que nada nos da más inseguridad que merodear alrededor de lo que no es adecuado para nosotros. Nada colapsa más rápido. Nada nos genera tanta inquietud interior como eso.

Lo que no es adecuado para ti nunca permanece en tu vida, y no es porque haya fuerzas más allá de nuestro alcance gobernando los pormenores de nuestra vida diaria. Lo que no es adecuado para ti no permanece contigo porque muy en el fondo sabes que no es adecuado. Tú eres quien, a fin de cuentas, suelta, ve la realidad y se marcha. Tú eres el que se resiste, el que se está deteniendo, el que urde fantasías de sanación acerca de lo increíble que será cuando hagas que algo no adecuado se vuelva, al fin, adecuado.

Lo que no es adecuado para ti no permanece contigo porque no lo quieres y, en consecuencia, no lo eliges. Te alejas cuando estás listo, sueltas cuando eres capaz, y te das cuenta, todo el tiempo, de que todo de lo que en realidad estabas enamorado era un pequeño espejismo que hacía que te sintieras a salvo.

RECUPERARSE DEL
TRAUMA EMOCIONAL

Podrías pensar que el trauma está en tu cabeza, en sentido metafórico. En realidad está en tu cuerpo, en sentido literal.

El trauma es lo que ocurre cuando algo te asusta y no consigues superar ese miedo. Si no lo resuelves o lo «vences», entras en él y permaneces ahí, un estado sostenido de lucha o huida, que en esencia es la respuesta humana de pánico para la supervivencia.

El trauma es la experiencia de desconectarse de una sensación fundamental de seguridad. A menos que seas capaz de reestablecer la conexión, un sesgo destructivo distorsiona tu perspectiva ante el mundo: te vuelves hipersensible, lo que significa que atribuirás intenciones, pensarás de más, reaccionarás de forma exagerada, estallarás ante estímulos inofensivos, llevarás al plano personal situaciones neutrales y permanecerás en un «modo de combate» mental.

Después de experimentar el trauma, tu cerebro se reconfigurará por un tiempo para encontrar la «amenaza» potencial en cualquier cosa, lo que dificulta mucho superar el problema inicial y no desarrollar luego un complejo de víctima. Después de todo, tu cerebro está, literalmente, tratando de mostrarte todas las maneras imaginables en que el mundo te podría estar «acechando».

Por eso la exposición es tan efectiva como tratamiento para el miedo o la ansiedad. Al reintroducir de manera gradual el agente estresante en la vida de alguien —y enseñarle que es capaz de manejarlo—, el cerebro puede regresar a su estado neutral porque se va reestableciendo una sensación de control y seguridad.

También por eso, las personas que tienen vínculos sociales más sólidos y mayor resiliencia mental antes de un evento traumático son más dadas a utilizar dicho evento como catalizador para la autorreflexión, el crecimiento, la compasión y la sanación, y no para la autodestrucción. Tienen múltiples lazos con ese sentimiento esencial de «seguridad», así que, incluso si alguno se desgastara y se rompiera, los demás aún estarían ahí para apoyarlas.

¿Qué le pasa a tu cerebro después de un evento traumático?

Neurológicamente, son tres las áreas del cerebro donde procesamos el estrés.[13]

La primera es la amígdala, la segunda el hipocampo y la tercera la corteza prefrontal. Los individuos que sufren trastorno de estrés postraumático (TEPT) presentan un hipocampo más pequeño —el centro de la emoción y la memoria—, un aumento en la función de la amígdala —el centro de la reflexión y la creatividad— y una disminución en la función de la corteza prefrontal medial/cingulada anterior —el centro que gobierna los comportamientos complejos como la planeación y el autodesarrollo.

Queda claro, entonces, por qué el trauma tiende a causar el siguiente impacto en nosotros:

- Nuestro cerebro deja de procesar el recuerdo con detalle, dejándonos con fragmentos de lo que pasó, a veces contribuyendo al sentimiento de disociación.
- Nuestra capacidad para manejar un rango de emociones disminuye.
- Nos volvemos reprimidos y quedamos atorados, nos cuesta trabajo planear para el futuro y nuestro autodesarrollo y autorrealización se detienen en seco.
- Cuando entramos en un estado de lucha o huida, nuestro cuerpo literalmente detiene cualquier función avanzada que no sea necesaria para nuestra supervivencia. Los receptores principales del cuerpo se vuelven en extremo sensibles y reactivos a los estímulos. Esta es una parte hermosa y esencial de ser humano, que mantiene viva nuestra especie. Sin embargo, no es un estado que se supone que deba sostenerse.

Siglos antes, cuando estábamos en el escalón más bajo de la realización, o en el más bajo de la jerarquía de Maslow,[14] lo que más nos preocupaba era la supervivencia física. Ahora, nuestro enfoque está centrado, en especial, en la autorrealización y lo significativo, y en tratar de sentirnos «a salvo» mediante la aceptación social, el dinero y la agilidad mental.

Con toda esta área intermedia, parece obvio que las personas tengan más dificultades mentales y emocionales ahora que antes, a pesar de que anteriormente tenían más obstáculos físicos por vencer.

La recuperación se reduce a algo muy sencillo: restaurar la sensación de seguridad propia.

No obstante, la parte más importante de esta restauración es que debes reconstruir la sensación de seguridad en el área exacta de tu vida que te traumatizó.

Con frecuencia, si alguien está traumatizado por una relación que tuvo de joven, reinvertirá dicha energía en darle valor a ser atractivo o exitoso, pues cree que, si es lo «suficientemente bueno», nunca volverán a negarlo o rechazarlo. Sin embargo, todos sabemos que no funciona así. De hecho, hace que desarrollemos apegos poco sanos y destructivos hacia estas cosas.

Si estamos traumatizados por una relación, restauramos la sensación de seguridad trabajando en otras relaciones que sean sanas y seguras.

Si estamos traumatizados por dinero, restauramos la sensación de seguridad haciendo lo necesario para asegurarnos de tener el dinero suficiente y ahorrar para algún gasto de emergencia.

Si estamos traumatizados por haber perdido el trabajo, restauramos la sensación de seguridad teniendo un plan B o un trabajo temporal extra por si volviera a suceder.

Si estamos traumatizados por ser víctimas de acoso, restauramos la sensación de seguridad encontrando nuevos amigos.

Lo que la mayoría de las personas intenta hacer es sobrecompensar en un área de la vida que no es el problema real. Por ejemplo, si tienen dificultades en una relación, acumulan dinero para seguir sintiéndose «seguros». Por supuesto, siempre es inútil, porque el problema nunca se resuelve.

Tu trauma no está «en tu cabeza», sino que es, literalmente, un cambio de estado en tu cerebro, y la única forma en que ayudarás a que tu cuerpo regrese a su estado real es volviendo a crear la sensación de seguridad que te permita «apagar» el modo de supervivencia y regresar a tu vida normal.

LIBERAR LA ACUMULACIÓN EMOCIONAL

Tu acumulación emocional es como la bandeja de entrada de tu *mail*.

Puede ser una analogía sencilla, pero funciona. Cuando experimentas emociones, es como si estuvieras recibiendo pequeños mensajes de tu cuerpo que se van apilando de uno en uno. Si nunca los abres, terminas con más de mil notificaciones, dejando pasar por completo información crucial y conocimientos importantes que necesitas para avanzar en la vida. Al mismo tiempo, no puedes sentarte todo el día a responder cada mensaje justo en el momento que llegue; nunca conseguirías hacer nada.

Es un error asumir que las emociones son experiencias opcionales. No lo son. De todos modos, somos expertos en evadir nuestros sentimientos de muchas formas. A menudo, nos apoyamos en sustancias que nos adormecen físicamente; en proyecciones y juicios que centran la atención en las fallas de alguien más, en lugar de las nuestras; en todo tipo de búsquedas mundanas y, en el nivel más básico, en tensar nuestros cuerpos de forma tan eficiente que nos volvemos incapaces de sentir.

A nivel psicológico, es probable que sepas que esto no funciona por mucho tiempo. Al final, la bandeja de entrada de tus emociones termina por atascarse. Te ves forzado a sentarte y estar quieto y dormir, y llorar y sentirlo todo.

Desearía que hubiera alguna verdad poética y mística que compartir aquí, pero no la hay. Solo está tu anatomía, la fisiología de lo que está ocurriendo dentro de ti cuando sientes.

Las emociones son experiencias físicas. Limpiamos nuestro cuerpo de todo, y lo hacemos de manera habitual. Defecamos, sudamos, lloramos; mudamos toda nuestra piel una vez al mes. No es diferente con los sentimientos, pues se trata de experiencias que también deben ser liberadas.

Cuando no se sienten, las emociones se encarnan. Se quedan atoradas en tu cuerpo. Esto se debe a que tienen algo llamado componente motor; es decir que, justo cuando comienzan —antes de que puedas reprimirlas o ignorarlas—, causan una activación micromuscular.

Nuestros cuerpos responden al instante.

Con frecuencia, almacenamos dolor y tensión en la zona del cuerpo donde una expresión se inició, pero nunca se materializó por completo.

Esto se debe a que, en términos neurológicos, la parte de tu cerebro que regula las emociones, la corteza cingulada anterior, está contigua al área premotora; lo que significa que, cuando se procesa un sentimiento, esta comienza de inmediato a generar una respuesta física y corporal. El área premotora se conecta a la corteza motora y luego cruza de regreso a los músculos específicos que expresarán la emoción.

¿Qué músculos expresan qué emoción? Bueno, eso depende.

Tenemos muchas expresiones que nos dan una pista de las zonas donde tenemos reacciones físicas a las emociones. A menudo sentimos el miedo en el estómago (piensa en un estómago nervioso o un «instinto visceral») y la aflicción en el pecho (de allí todo el asunto del «corazón roto»), el estrés y la preocupación, en los hombros (piensa en el «peso del mundo en tus hombros»), y los problemas con las relaciones, en el cuello (piensa que «son un dolor de cuello»*).

---

* Del original en inglés. La expresión equivalente en español podría ser «un dolor de muelas».

Pero en realidad va mucho más allá de eso. Digamos que alguien te hizo algo que se pasó de la raya, y tu instinto fue gritarle. Sin embargo, como entendiste que no era efectivo gritarle, te contienes. Aunque esto pudo haber sido lo correcto en el momento, tu cuerpo puede estar almacenando tensión residual en el área del cuello o de la garganta. En otros casos, las emociones pueden hacer que las personas experimenten efectos psicosomáticos un poco más abstractos, como dolor en las rodillas o en los pies cuando están traumatizados por «avanzar» en su vida, y así sucesivamente.

Lo cierto es que nuestro cuerpo nos habla con símbolos mudos. Si logramos aprender a interpretar lo que nos dice, podemos sanarnos de una manera totalmente nueva.

Ya sabes que las emociones a veces se almacenan en tu cuerpo cuando no se expresan del todo. Ahora bien, ¿de qué forma comenzamos a desecharlas?

Hay varias estrategias que puedes usar para lograrlo, lo que importa es que sean efectivas para ti. No hay una que aplique para todos por igual, pero hay unas cuantas opciones que tienden a funcionar bien para la mayoría de las personas; en particular, cuando se les utiliza en conjunto.

Deja de meditar para sentirte tranquilo; comienza a meditar solo para sentir

Ya sé que esto va en contra de todo lo que alguna vez escuchaste sobre la meditación. Pero ese es, de hecho, el sentido de la meditación. Si te sientas para una sesión de diez minutos y tratas de obligarte a estar relajado y sentirte ligero, en realidad estás cayendo en el mismo tipo de represión que probablemente te haya provocado la necesidad de meditar en primer lugar.

En vez de eso, el sentido de la meditación es sentarse sin hacer nada, al tiempo que experimentas cómo salen todos esos sentimientos: enojo, miedo, tristeza, el parloteo abrumador de la mente... y, sin importar qué tan atractivo o detonante pueda ser, aprendes a quedarte quieto y no responder a ellos. Aprendes a dejar que estos pensamientos y sentimientos aparezcan y, entonces, se disipen gracias a que no reaccionaste a ellos.

Esto requiere práctica.

Utiliza escaneos de respiración para encontrar la tensión residual en tu cuerpo

Generalmente, no supone mucho esfuerzo encontrar en qué parte de tu cuerpo estás almacenando dolor. Lo sientes.

Es en tu pecho, en tu estómago, en tus hombros, en cualquier parte que te esté molestando.

Pero, si no estás seguro, o si quieres centrarte en la zona específica donde está el dolor, haz algo que se llama escaneo de respiración: vas a inhalar y exhalar lento, sin hacer pausas entre una respiración y otra. Cuando hagas esto, comenzarás a notar que quizá te topes con un «obstáculo» o dificultad en algún lugar que, en el proceso de realizar tu respiración, comenzarás a sentir el lugar preciso de tu cuerpo donde estás almacenando tensión.

Una vez que lo has descubierto, puedes empezar a examinar dicho sentimiento, visualizando qué es, de dónde viene y qué quiere que sepas. En este escenario, a menudo nos remontamos a recuerdos específicos o versiones anteriores de nosotros que necesitan asistencia o guía. Utiliza un diario para escribir lo que experimentas y ves, y recuerda que, en general, el cuerpo habla con metáforas, así que no es necesario que tomes todo de manera literal.

SUDA, MUÉVETE, LLORA

La última parte, la más difícil y la más importante de liberar tus emociones es, en realidad, lo único que tienes que hacer: sentirlas.

A veces, implica que te permitas estar hecho una mierda total. A veces, implica que te esfuerces en una sesión de entrenamiento, en hacer yoga, estirar, caminar; o que afrontes pensamientos detonantes y te permitas gritar lo que te está molestando.

Recuerda que la salud emocional no es la experiencia de estar en perpetua calma o felicidad todo el tiempo. Es la experiencia de permitir un rango de emociones, tanto positivas como negativas, y no quedarse en ninguna. Asimismo, la salud mental y el autodominio son la capacidad de ver y sentir y experimentar un pensamiento sin responder a él. En la respuesta, o en la falta de esta, es donde recobramos nuestro poder y reclamamos nuestra vida.

No naciste para ser perfecto.

No naciste para ser feliz todo el tiempo.

Pero, si puedes comprometerte, día con día, a realizar el trabajo de ser completamente humano y también sentir cuando tienes miedo; puedes trascender de una manera, en verdad, hermosa.

LO QUE EN REALIDAD SIGNIFICA SANAR TU MENTE

Sanar tu mente no es lo mismo que curar tu cuerpo. Cuando tienes una herida física, por lo general, pasas por una reparación progresiva y lineal. Mejoras, hasta que un día estás casi en el mismo lugar donde estabas antes.

Sanar tu mente es por completo diferente, porque no regresas al mismo lugar donde estabas antes. Te purificas y te conviertes en alguien totalmente nuevo.

Si eso parece un poco violento y severo, debería serlo. Sanar no es una adorable ascensión hacia la comodidad y el bienestar que se experimenta de una vez y para siempre. Sanarte es lo más incómodo, disruptivo e importante que harás.

Sanarte es volver a tu estado más natural, que tiene sed de libertad personal, es irreverente ante las sofocantes opiniones de los demás, crea sin dudas, se muestra sin temor y ama sin estipulaciones ni convenios ni condiciones. La persona que en verdad eres es, al mismo tiempo, la mejor versión de ti que quizá nunca imaginaste y la mejor versión esencial de ti que siempre has sido.

¿Y llegar a ese punto? Requiere de mucho.

Sanar requiere que hagas un inventario honesto de tus resentimientos, agresiones sufridas y los pozos de añoranza y miedo que has estado ignorando todo este tiempo. Requiere que evalúes, específicamente, qué está mal con tu vida para que puedas trabajar en corregirlo. Requiere que seas honesto acerca de cómo te sientes en realidad y, entonces, que en verdad lo sientas.

Sanar requiere que sientas la profunda aflicción que permanece en ti, en vez de volver a crear la experiencia de manera inconsciente como una salida para liberarla. Sanar ya no es tratar de desinfectar tu experiencia, de limpiarla hasta que quede perfecta.

Sanar requiere que atravieses la expresión completa de cada emoción que cortaste y enterraste cuando decidiste que ya no estabas cómodo con ella. Sanar requiere que enfrentes cada gramo de tu oscuridad interior, porque justo debajo de lo que parece ser una barrera impenetrable yace una libertad completa, radical y total. Cuando ya no te da miedo sentir lo que sea, cuando ya no te resistes a cada parte de tu vida, algo mágico sucede: encuentras la paz.

Seamos claros: no vas a estar sufriendo para siempre. Esto no te va a lastimar por mucho tiempo. Pero engañarte a ti mismo, pensando que sanar es mejorar poco a poco hasta que hayas desentrañado todas tus experiencias pasadas y puedas volver a la versión que eras antes de lastimarte… bueno, eso es no haber entendido nada.

Se supone que debemos atravesar estos periodos de lo que algunos llaman desintegración positiva. Es cuando debemos adaptar nuestro autoconcepto para ser alguien que puede manejar la situación en la que estamos, si no es que prosperar en ella.

Esto es sano. Es normal. Es la forma en que se espera que respondamos.

Pero nos acobardamos, porque será incómodo. No nos brindará, de forma inmediata, las virtudes de lo que nos enseñan que es una vida que vale la pena: la comodidad, el alivio y la ilusión de que todo es perfecto en la superficie.

Sanar no es nada más lo que nos hace sentir mejor más rápido. Es construir la vida adecuada, lentamente y con el tiempo. Es presentarnos nosotros mismos a la rendición de cuentas, admitiendo en qué hemos fallado. Es regresar y resolver nuestros errores, y regresar a nuestro interior y resolver el enojo, el miedo, la estrecha mentalidad que nos llevó ahí en primer lugar.

Sanar es rehusarte a tolerar la incomodidad del cambio porque te rehúsas a tolerar la mediocridad un segundo más. Lo cierto es que no hay forma de escapar a la incomodidad; nos encuentra dondequiera que estemos. Pero, o vamos a sentirnos incómodos mientras traspasamos nuestros límites autoimpuestos, rompemos barreras y llegamos a ser quien soñamos ser, o bien vamos a sentirlo mientras nos sentamos y le damos vuelvas a los miedos que hemos fabricado para justificar por qué nos rehusamos a ponernos de pie y comenzar.

Sanar va a ser difícil al principio. Va a implicar que te mires de manera honesta a ti mismo, quizá por primera vez. Va a implicar salir de tu zona de confort para que puedas saltar hacia la persona que quieres ser. No es lo que te hace sentir más cómodo y despreocupado. Es lo que te condiciona a estar más motivado por la incomodidad que temeroso de ella, y a estar inspirado por tus momentos de quietud en vez de usarlos para forjar las cadenas de la preocupación.

Sanar va a cambiar todo, pero tiene que empezar por tu disposición a sentir lo que tienes miedo de sentir.

Seamos claros con algo: llegar a ser tu mejor versión es tu herencia natural. Naces para ser esa versión. Sanar no es más que liberar la enfermedad que son las creencias limitantes y los miedos que te están impidiendo ser justo esa versión.

Sanar no se trata de regresar a ser exactamente quien eras antes, porque esa persona aún no era capaz de ver la tormenta antes de que cayera, y no sabía cómo protegerse de ella.

No se supone que vuelvas a ser ingenuo, insatisfecho e inconsciente. No se supone que tengas que volver a tu eufórica insensatez, a una vida en la que no sabías de contrastes, de dolor, de todo lo bueno y lo malo que la vida te puede poner enfrente.

Lo que obtienes al otro lado de la sanación va más allá de eso, solo que todavía no lo has experimentado como para saberlo. Lo que obtienes por atravesar algo doloroso es que te vuelves más resiliente, más autosuficiente, más empoderado.

Te das cuenta de que nada te salvará y, por lo tanto, debes empezar el trabajo de salvarte tú mismo, que es todo el propósito de tu vida.

Cuando empiezas este trabajo, encuentras tu fuerza interior. Te das cuenta de que tienes el poder y la influencia, y que puedes trazar estrategias y redirigir tu vida. Te das

188 ▲ BRIANNA WIEST

cuenta de que tu vida puede construirse a partir de lo que puedes controlar y no sobre lo que no puedes controlar.

Cuando sanas, te haces más fuerte donde antes te sentías destruido. Te vuelves más sensato donde fuiste egoísta. Te vuelves más responsable donde fuiste negligente. Te vuelves más sensible, capaz y consciente. Te vuelves más considerado; eres más empático y reflexivo, más cuidadoso.

Pero lo que no necesitas es tener más miedo.

El miedo no te va a proteger. La acción lo hará. Preocuparte no te va a proteger. Prepararte lo hará. Pensar demasiado las cosas no te va a proteger. Entenderlas lo hará.

Cuando nos aferramos al miedo y al dolor después de que ha pasado algo traumático, lo hacemos como una especie de protección. Creemos falsamente que, si a cada rato estamos recordándonos todas las cosas terribles que no vimos venir, podemos evitarlas. Esto no solo no funciona, sino que además te hace menos eficiente para responder ante ellas en caso de que ocurran.

Como casi todo el tiempo estás tan ocupado preocupándote por monstruos debajo de la cama, te olvidas de abordar las verdaderas cosas que te desgastarán con el tiempo: tu salud, tus relaciones, tu visión a futuro, tus finanzas, tus pensamientos.

Cuando sanas por completo dejas de tolerar la incomodidad. Si algo va mal, reconoces que está mal y actúas para arreglarlo, porque has visto lo que pasa cuando no lo haces.

Cuando sanas por completo puedes prever y considerar de manera racional las causas y los efectos. Reconoces que tus acciones producirán consecuencias y que, si quieres controlar mejor lo que resulte de tu vida, debes ajustar mejor tus hábitos.

Cuando sanas por completo, te das cuenta de que nada es más importante que ser capaz de disfrutar donde estás, justo aquí y justo ahora. Todos los obstáculos que encuentres en tu camino al estar presente y saborear tu vida son los desafíos que tienes que enfrentar.

Porque la vida es rápida y efímera. Lo que tienes ahora podrías perderlo mañana, y sujetarlo con tanta firmeza, atarlo con resistencia, no significa que esté más seguro. Significa que, cuando llegue el día en que ya no exista —como ha de ocurrir con todo y con todos—, te darás cuenta de que nunca lo disfrutaste de verdad.

¿Y sanar? Se trata de llegar a un punto donde lo que más priorizas es la calidad de tu única y corta vida.

AVANZAR NO CONSISTE EN «TOMAR VENGANZA»

Es posible que tu mejora no sea algo que los demás puedan ver. Es posible que no se muestre como un cambio en la superficie.

En un mundo de cuerpos de venganza y relaciones de segunda vuelta; en un mundo que trata de decirte que deberías difundir tu transformación definitiva por todo tu muro de Instagram, hemos perdido el verdadero significado de sanar, de mejorar, de seguir adelante con nuestras vidas.

La verdadera mejora no es demostrar que las personas de tu pasado estaban equivocadas. Es sentirte, por fin, tan contento y lleno de esperanza acerca de tu futuro que dejas de pensar en ellos por completo.

Cuando quieres cambiar tu vida para que luzca diferente, y solo eso; todavía estás girando alrededor de las opiniones de personas que no te querían y que no tenían ninguna intención de hacerlo.

Además, siempre puedes notar la diferencia. Las personas que en verdad se han transformado no están preocupadas nada más por la apariencia de las cosas. Sus vidas ahora están enfocadas fijamente en cómo se sienten las cosas, en cómo son en realidad por debajo de todo.

Una mejora real es auténtica. Es levantar todo el recubrimiento de tonterías y abordar los problemas reales. Es sanar. Es cambiar, para siempre. Es darle, por primera vez, prioridad a tu corazón sobre los ojos de alguien más.

Cualquiera puede armar una mejor imagen. Cualquiera puede editar y poner filtros y colocar foto tras foto, una junto a la otra, para crear una narrativa, una historia, una apariencia de unidad. Cualquiera puede comprar su belleza, cualquiera puede verse mejor si en verdad lo intenta, cualquiera puede convencerte de que le está yendo mejor de lo que en realidad le va.

Si están tan resueltos a tratar de demostrar eso, quizá sea porque todavía están muy vacíos por dentro.

¿Y si no estuvieras tan preocupado por si te ves más alto, o más bajo, o más guapo, o mejor que hace 10 años?

¿Y si estuvieras más preocupado por adquirir autorrespeto, relaciones reales, libertad emocional, claridad mental, un trabajo que aprecies, que respetes, y una disposición más generosa y empática?

¿Y si tus logros no fueran algo que pudieras fotografiar o medir, nada que pudieras comunicar a través de unos pixeles y actualizaciones de estado? ¿Cómo te sientes hoy? ¿Mejor que ayer? ¿Más completo, con más confianza?

Lo cierto es que no hay un antes y un después en la vida. Siempre estamos en proceso de renovación y conversión. Ese momento de fotografía que estás esperando, esa ocasión en que alguien se atreve a buscarte de nuevo y ve, al fin, que estás prosperando… es un juego para ti y para ti solo.

Nadie te está viendo de la forma en que crees. Nadie está pensando en ti como deseas que lo hiciera. Los demás se están mirando a ellos mismos. Están pensando en ellos mismos.

Se están leyendo a ellos mismos.

No es algo triste; es liberador. Este debería ser el punto crucial de tu liberación definitiva.

Lo cierto es que no tienes a nadie a quién demostrarle que estás equivocado más que a ti mismo. Es probable que las personas de tu pasado no te hayan desaprobado, ni con mucho, tanto como temías que lo hicieran.

El cierre es para ti. El crecimiento es para ti. Este cambio es tuyo. Este eres tú contra ti mismo, tú conociéndote, tú viéndote por primera vez. Esto se trata de que te vuelvas la persona que sabes que puedes ser. Esto se trata de que estés, por fin, al nivel de tu propio potencial.

Pero, principalmente, esto se trata de que reconozcas que antes no eras tu mejor versión.

No te portaste como desearías haberlo hecho.

No hiciste lo que debías haber hecho.

No eras lo que esperabas ser.

Cada vez que queremos demostrar con desesperación que alguien más está equivocado, en realidad estamos tratando de calmar nuestra decepción constante al no cumplir con nuestras propias expectativas.

Así que recuerda esto: la próxima vez que trates de confeccionar una historia de mejora que sea convincente y fascinante para los demás, pregúntate por qué todavía estás esperando su aprobación.

La respuesta, casi siempre, es que todavía no tienes la tuya.

CAPÍTULO 6

CONSTRUIR UN NUEVO FUTURO

AHORA QUE HAS HECHO el desafiante trabajo de empezar a soltar tus experiencias pasadas, debes dirigir tu atención a construir un nuevo presente y futuro. Cuando soltamos, hacemos borrón y cuenta nueva para crear algo mejor.

Una de las dificultades más comunes de las personas que tratan, sin éxito, de soltar su pasado es que su foco de atención permanece justo ahí: en el pasado. El trabajo ahora consiste en visualizar quién quieres ser, conectar con la versión más poderosa de ti, diseñar tu vida a través de tu rutina diaria y descubrir tu verdadero sentido de ser.

REUNIRTE CON TU VERSIÓN
FUTURA DE MAYOR POTENCIAL

Una herramienta popular en psicoterapia es algo llamado trabajo del niño interior,[15] o el proceso de imaginar y reconectar con una versión más joven de ti. En este proceso, puedes brindarte orientación, también regresar a ciertos eventos traumáticos y volver a abordarlos con la sabiduría que tienes ahora.

Pero, más a menudo, el proceso de reconectar con tu niño interior es dejar que este se comunique contigo. Es como redescubres tus deseos, pasiones, miedos y sentimientos heredados.

El proceso es parecido a la ingeniería inversa, que es cuando identificas tus metas finales de vida y, entonces, trabajas hacia atrás para ver qué necesitas hacer cada día, semana, mes y año para llegar ahí. Sin embargo, también funciona al revés. Puedes utilizar una técnica de visualización para conectar con tu versión futura de mayor potencial.

Paso 1: ENFRENTA EL MIEDO, PRIMERO

Siéntate en un lugar silencioso, con un diario. Asegúrate de hacerlo en un momento que te sientas relajado y abierto a recibir orientación. Si entras con miedo, vas a obtener miedo.

Enseguida, cierra los ojos y empieza una sesión de meditación. Tómate unos momentos para respirar profundo y concentrarte. Imagínate sentado frente a una mesa cómoda en una habitación bien iluminada, un lugar donde te sientas feliz y en paz.

Luego, invita a tu versión futura a sentarse junto a ti y conversar. Puedes pensar en su edad, aunque es común que la edad la determines cuando lo veas.

En concreto, pide sentarte con tu versión más elevada posible. Si al principio notas cualquier cosa que te dé miedo, debes saber que es tu miedo a lo que podría pasar manifestándose en tu mente y no la verdad de lo que pasará.

Una vez que superas eso, puedes empezar a recibir consejo.

PASO 2: OBSERVA CÓMO SE VE TU VERSIÓN FUTURA

Además de lo que imaginas que esta versión te está diciendo, pon atención al aspecto que tiene, a su comportamiento y a lo que comunican sus expresiones faciales.

El propósito de trabajar con tu versión futura es que puedas fusionarte con este aspecto de ti. Quieres visualizar con claridad la versión más ideal de ti para saber cómo debe crecer, cambiar de dirección y modificar tu propia vida.

Observa cómo se viste, cómo se siente y qué hace cada día. Estas serán las llaves de tu propia conversión.

Paso 3: pide orientación

Si entras en este proceso con una lista interminable de preguntas temibles y difíciles para que tu versión futura responda, es probable que termines dominado por el pánico en vez de estar abierto a recibir una orientación poderosa.

En lugar de eso, mantente abierto a lo que sea que esta persona quiera compartir contigo. Los mensajes deben ser positivos, inspiradores, alentadores y útiles. Incluso si te comunica algo como: «necesitas dejar ir esta relación», debe hacerlo de una forma tan tranquila y reafirmante que te sientas seguro y en paz con eso.

Paso 4: imagínala entregándote las «llaves» de tu nueva vida

Otro ejercicio poderoso que utiliza a tu versión futura es imaginar que te sientas junto a tu versión de hace 3, 5 o 7 años. Debe tener una edad lo bastante cercana para que puedas identificarte con esta persona, pero lo bastante lejana para que hayas cambiado.

Imagina que te sientas en un espacio que solías frecuentar o habitar. Lo que vas a hacer ahora es entregarle los aspectos de tu vida actual y toda la información que necesitará para transitar de quien es en ese momento a quien eres ahora.

Puedes entregarle las llaves de tu coche, la cuenta de tu *mail* de trabajo, tu cuenta de banco, un atuendo, o darle instrucciones de qué hacer en cuanto a la carrera, las relaciones o, simplemente, los hábitos del día a día.

O puedes imaginar que tu versión futura te muestra aspectos de tu vida actual. Imagina que te entrega las llaves de la casa en la que vives, o tu anillo de bodas, o cualquier otra cosa que sea parte de tu vida futura más elevada posible.

Recuerda: este proceso debería hacer que te sientas tranquilo, confirmado y más seguro de ti mismo, y no al revés. El miedo es una alucinación, una ilusión de la mente y el intestino. Tu versión futura puede intervenir y recordarte todo lo que es posible y empoderarte para vivir con certeza, claridad y gracia.

SOLTAR TU PASADO EN EL CAMPO CUÁNTICO

Cuando pasa algo que te asusta y no superas ese miedo, te traumatizas.

El trauma es la experiencia de desconectarse de una fuente fundamental de seguridad. Ocurre con más severidad cuando nuestro vínculo con nuestros cuidadores primarios se ve comprometido. Pero en verdad hay un número infinito de maneras en que el mundo puede generarte traumas y en grados diferentes.

Hay montones de teorías acerca de qué es el trauma y de dónde viene. Algunos creen que se transmite físicamente a través del ADN.[16] Otros argumentan que se comparte mental y emocionalmente a través de patrones aprendidos y observaciones. Sobre todo, se cree que el trauma es una experiencia interpersonal en la que se nos desafió y luego nos faltaron las habilidades y mecanismos de afrontamiento para responder a ello.

No importa de dónde viene: si tienes algún tipo de trauma perdurable, lo sabrás porque lo sentirás. Lo sentirás de forma física en tu cuerpo. Sentirás ansiedad, tensión, miedo, terror, tristeza o culpa. Se desviará. No tendrá una causa clara y directa. Reaccionarás de manera exagerada a ciertas cosas e, incluso cuando se solucione un problema, aun así, entrarás en pánico. Este es el sello del trauma.

EL TRAUMA NO ESTÁ EN TU CABEZA; ESTÁ EN TU CUERPO

Esto es lo primero y más importante que necesitas saber para superarlo: el trauma es un asunto legítimo y físico. Almacenas esas emociones, energías y patrones a nivel celular.

Por suerte, podemos utilizar las ondas en la superficie del agua para rastrear su origen hasta llegar al problema en el fondo. Puedes comenzar a usar tu cuerpo para sanar.

PRIMERO: IDENTIFICA QUÉ CAUSÓ LA EXPERIENCIA TRAUMÁTICA

Esto lo haces enfocándote en tu interior y sintiendo dónde estás rígido y tenso. Nuestros cuerpos se endurecen para protegernos. Cuando tenemos una pierna rota, nuestra fascia se tensa como una férula natural para que no volvamos a inclinarnos de esa manera. Asimismo, cuando nuestro corazón está roto, nuestra emoción se tensa para que no nos permitamos sentir de nuevo.

Claro que, al final, tenemos que caminar. Tenemos que amar. Tenemos que experimentar la vida de nuevo. Tenemos que suavizar lentamente las partes de nosotros que están tratando de protegernos para que podamos avanzar.

Sanar el trauma no es solo cuestión de psicoanalizarlo. Es cuestión de tratarlo a nivel físico. La próxima vez que sientas que estás reaccionando de forma exagerada a algún tipo de estímulo, notarás que tu cuerpo comienza a tensarse y generar una respuesta de lucha o huida. Para sanar esto, tienes que forzarte a hacer respiraciones profundas y tranquilas hasta que la parte de tu cuerpo que llegó a estar tensa se relaje de nuevo.

Necesitarás calmarte de distintas maneras: meditando, respirando, tomando suficiente agua, durmiendo lo suficiente, usando aromaterapia, sonoterapia, o cualquier otra cosa que funcione para ti.

En definitiva, debes trabajar para sacar, físicamente, tu cerebro y tu cuerpo del modo pánico-supervivencia.

Segundo: restablece una sensación de seguridad

Estás traumatizado porque algo te asustó y estás convencido de que todavía «te está acechando». Esto ocurre cuando no le hacemos frente o no superamos algo difícil: asumimos que la amenaza perdurará de manera indefinida.

El aspecto psicológico de la sanación del trauma es que, literalmente, debes restaurar el vínculo que se cortó, justo de la misma forma en que se rompió.

Si estás traumatizado respecto a las relaciones, necesitas construir relaciones sanas. Si estás traumatizado respecto al dinero, necesitas volverte muy bueno con el dinero. Si estás traumatizado respecto a viajar, necesitas viajar de nuevo.

La solución no está en evitar estas cosas para siempre. De hecho, justo detrás del miedo, a menudo encontramos que esas son las cosas que en realidad queremos más que cualquier otra.

TERCERO: DEJA DE TOMAR LOS PENSAMIENTOS Y SENTIMIENTOS EN SENTIDO LITERAL

Por último, para superar el trauma, tienes que dejar de engancharte en el pensamiento psíquico. Tienes que dejar de pretender que puedes predecir lo que pasará, que conoces las intenciones de los demás o que lo que sientes y piensas es la realidad y verdad absoluta.

Este tipo de pensamiento es lo que toma un sentimiento desencadenante y lo convierte en una espiral de derrota. Tomas algo que dé miedo y lo transformas en una predicción de lo que deparará el futuro.

No eres un oráculo. No sabes lo que viene después, aunque siempre eres capaz de elegir lo que haces ahora. Casi siempre, aquello que te genera más pánico es algo que no sabes con certeza si está ocurriendo. Normalmente, es una suposición, una proyección, un miedo vuelto una realidad potencial aterradora.

Podrías pensar que el trauma es algo que tienen otras personas más dañadas, pero eso no es verdad. Todos estamos traumatizados de una forma u otra, pero es la manera en que respondemos ante ello, la manera en que al final crecemos y desarrollamos automaestría a partir de ello, lo que determina el curso de nuestra vida.

CONVERTIRTE EN TU VERSIÓN MÁS PODEROSA

¿Estás siendo tu versión más poderosa?

Si tienes que detenerte a pensarlo, la respuesta probablemente es «no».

Todos tenemos diferentes facetas de nuestra personalidad y las mostramos según el contexto en el que estamos. Es una herramienta de adaptación social: no eres la misma persona con tus amigos que con tus papás. Ir con facilidad de una faceta a otra es una muestra de función psicológica superior.

Conocemos las versiones de nosotros que requiere nuestra vida actual. Sabemos quién necesitamos ser en el trabajo, en la casa o en el amor. Pero a menudo estamos poco familiarizados con la persona que necesitamos ser para hacer que nuestra vida avance.

En el «trabajo del niño interior» visualizas y abordas a tus versiones más jóvenes, a menudo hasta de una edad específica, dependiendo de cuál de tus versiones está traumatizada. Te comunicas con esa versión de niño interior, aprendes de ella, la proteges o le brindas la orientación que necesitó cuando era joven.

Esto resulta profundamente sanativo para las personas, en especial porque no evolucionamos más allá de nuestras versiones anteriores; simplemente nos nutrimos en ellas.

Ahora bien, esta práctica también puede funcionar a la inversa. También puedes visualizar y conectar con tu versión futura —la versión en la que te estás convirtiendo o la persona que sabes que estás destinado a ser.

¿QUÉ HARÍA HOY MI VERSIÓN MÁS PODEROSA?

El primer paso para llegar a ser tu versión más poderosa es visualizar a dicha persona. Asegúrate de no sacarte de tu contexto actual. Comienza a preguntarte: ¿Qué haría mi versión más poderosa justo ahora? ¿Qué haría con el día de hoy? ¿Cómo respondería a este desafío? ¿Cómo avanzaría? ¿Cómo pensaría? ¿Qué sentiría?

Tu versión más poderosa necesita ser el director ejecutivo de tu vida. Es la persona que toma las decisiones empresariales, que gobierna todo lo demás. Es el jefe de redacción, la matriarca o patriarca. Estás trabajando para tu versión más poderosa.

Una vez que tienes una imagen más clara de cómo es tu versión más poderosa, entonces necesitas evaluar qué hábitos, rasgos y conductas te están impidiendo activamente encarnar por completo a esa persona.

SÉ CONSCIENTE DE TUS DEBILIDADES

Las personas poderosas no deliran. No se creen perfectas todo el tiempo en todo. Eso no es lo que las hace fuertes de mente. En vez de eso, las personas poderosas están muy conscientes de sus diversas fortalezas y debilidades.

En los negocios, las personas poderosas siempre delegarán las tareas en las que son menos hábiles. En la vida, las personas poderosas saben dónde están sus límites y cuáles podrían ser sus estímulos detonadores. Esto les permite ir por sus vidas con más facilidad y darse el tiempo y el espacio necesario para trabajar en sus fallas.

La capacidad de decirte a ti mismo: «sé que tengo dificultades con esto, así que voy a tomarme mi tiempo para trabajarlo» es una de las cosas más poderosas que puedes hacer.

DISPONTE A NO AGRADAR

Las personas poderosas no son aquellas a las que todo el mundo aprecia.

Tampoco son las que compiten por la aprobación de los demás, y esa es la clave.

Para ser una persona verdaderamente poderosa, debes estar dispuesto a no agradar. Esto no quiere decir que te comportes de manera maliciosa, sino que no importa lo que hagas, igual los demás te van a juzgar. Las personas poderosas lo saben. No hay camino en la vida que puedas seguir que esté libre de la resistencia de los demás; por lo tanto, es importante que no solo normalices desagradar a otros, sino que lo anticipes y actúes de todos modos.

ACTÚA CON UN PROPÓSITO

Poderoso y decidido son lo mismo.

Para ser una persona verdaderamente poderosa necesitas tener una convicción total e inquebrantable acerca de lo que quieres crear. Para hacerlo, tienes que cambiar de una mentalidad de «vivir el momento» a una de «vivir por el legado».

Tu propósito es algo dinámico, en evolución. La mayor parte del tiempo, está en el punto de intersección entre lo que te interesa, aquello para lo que eres bueno y lo que el mundo necesita. Tener una visión clara de lo que quieres crear y lograr es esencial para encontrar tu poder interior. No vas a tener una convicción firme acerca de un sueño que no forma parte de quien eres en tu más pura esencia.

HAZ TU TRABAJO INTERNO

Esto es quizá lo más importante y, sin embargo, lo que más a menudo se pasa por alto, porque es lo menos confortable.

Hacer tu trabajo interno implica que evalúes por qué algo te hizo estallar, por qué algo te está molestando, qué te está tratando de mostrar tu vida, y las maneras en que podrías crecer a partir de estas experiencias. Las personas verdaderamente poderosas absorben lo que les ha ocurrido y en cierto modo lo metabolizan. Lo utilizan como una oportunidad para aprender, para desarrollarse. Este tipo de trabajo interno mental y emocional no es negociable si quieres ser poderoso de verdad.

Las personas poderosas no son las más agresivas; la agresividad es, por lo común, un mecanismo de autodefensa. Las personas poderosas son las que menos se inmutan ante las pequeñas conmociones y las más dispuestas a procesar en su totalidad y abrirse paso entre las grandes perturbaciones.

Por supuesto, estas son las cosas que sientan las bases. Luego tienes que trabajar para simplificar tu vida, hablar menos acerca de tus ambiciones y mostrar más de tus logros cuando los hayas completado. Poco a poco, haz que mejore tu salud. Asume que todos, y todo, tienen algo que enseñarte. Encuentra comodidad en la vulnerabilidad

—pues la vulnerabilidad precede casi a cada parte significativa de tu vida— y diseña tu rutina diaria con intención.

Al atravesar todo, deberás estar pensando de la forma en que lo haría tu versión más poderosa. Si aprendes a mirar el mundo y tu vida desde esa perspectiva, puedes crear una vida que refleje las intenciones de esa parte de ti. Ya existe, solo necesitas saber cómo acceder a ella.

APRENDER A VALIDAR
TUS SENTIMIENTOS

Si queremos ser efectivos en la terapia, la política, las relaciones, enseñar a los niños, tranquilizar a alguien con ansiedad, mantener la paz, hacer amigos, establecer contactos y progresar hay una técnica que debemos emplear primero.

Es un pequeño secreto, uno que requiere muy poco esfuerzo. No obstante, desarma a las personas. Hace que se abran, que se vuelvan receptivas, dispuestas a escuchar y adaptarse. Es sanador, cambia la mentalidad, pero, sobre todo, es el primer paso hacia el progreso. Se trata de la validación emocional.

Validar los sentimientos de alguien no significa que estés de acuerdo con ellos. No significa que los consideres correctos. No significa que sean los más sanos, ni que estén fundamentados por la lógica. Validar sentimientos no significa que los hagas más reales; significa que le recuerdas a alguien que es humano sentir algo que no siempre comprende.

¿Con cuánta frecuencia tan solo necesitamos que un compañero deje de intentar planear estrategias y solo diga: «Eso sí que debe apestar»?

¿Cuánto peso nos quitamos de encima cuando pensamos: «Sí, estoy realmente estresado ahora y tengo derecho a estarlo»?

¿Qué tan ligeros nos sentimos cuando vemos la historia de otra persona desplegada en una pantalla, una historia con la que podemos identificarnos y podemos entender, sin importar lo devastador que sea?

¿Qué tanto mejor nos sentimos cuando simplemente nos permitimos estar ofendidos, enfadados e irracionalmente furiosos?

Cuando nos permitimos tener el sentimiento ocurre algo increíble. Ya no tenemos que descargarlo sobre los demás, porque ya no dependemos de su validación para superarlo.

Podemos sentirnos ofendidos, enfadados y furiosos, y realizar nuestro propio proceso sin lastimar a nadie más.

Cuando, las personas desahogan sus emociones, o bien las reflejan de forma inconsciente mediante actos inapropiados, no solo están pidiendo ayuda. La mayoría de las veces solo están pidiendo que alguien confirme que está bien sentirse como ellos se sienten. ¿Y si tienen que inflar o exagerar las circunstancias para que en verdad sientas el peso y el impacto de lo que sienten? Lo harán. Harán lo que sea necesario para lograr que alguien más diga: «Siento mucho que estés pasando por eso». Esto no se debe a que sean incompetentes o tontos. Se debe a que, en un mundo que no nos enseña cómo procesar de manera adecuada nuestros sentimientos, a menudo debemos apoyarnos solo en nuestros mecanismos de afrontamiento inadaptados.

Cuando no podemos validar nuestros sentimientos entramos en una búsqueda interminable para tratar de forzar a los demás a hacerlo por nosotros, pero esto nunca funciona. Nunca obtenemos de verdad lo que necesitamos.

Eso parece como necesidad de atención, afirmación y elogios. Pero también parece una actitud dramática y negativa, que se centra de manera desproporcionada en lo que está mal en nuestra vida. Cuando alguien se queja de algo simple —y parece que lo hace más de lo que la situación amerita—, no está tratando de obtener tu ayuda acerca de un asunto pequeño. Está tratando de que sus sentimientos sean validados.

También es un origen común de las conductas de autosabotaje. A veces, cuando tenemos profundos pozos de aflicción en nuestro interior, no podemos permitirnos en absoluto relajarnos y disfrutar nuestra vida y nuestras relaciones. No podemos nada más «divertirnos», porque hacerlo se siente como una traición. Se siente ofensivo. Necesitamos sentirnos validados, pero ni siquiera sabemos por qué.

¿POR QUÉ ES EFECTIVO?

Piensa en tus sentimientos como agua que corre por conductos en tu cuerpo. Tus pensamientos determinan si dichos conductos están limpios. Lo limpios que están determina la calidad del agua.

Si de pronto tienes un sentimiento que te resulta desagradable y que no esperas —un repentino torrente de agua, digamos—, es común querer cerrar dicha válvula y no dejarlo pasar. Con todo, detener el flujo de agua no hace que esta se vaya. En vez de eso, comienza a presurizarse con intensidad y causa un grave daño en aquellas partes de tu cuerpo que ya no reciben el flujo. Empieza a crear un efecto dominó en tu vida entera.

A veces, el agua se dispersa por sí misma de forma gradual. Otras, implosiona y crea lo que a simple vista nos parece una completa crisis emocional. Cuando toda esa agua al final pasa y nos afligimos y lloramos y nos derrumbamos, estamos atravesando por un proceso de reinicio. Se trata de la desintegración positiva: estamos destruidos por dentro, pero al mismo tiempo nos sentimos mejor cuando termina.

Todo lo que ocurrió en dicha implosión fue que tus sentimientos quedaron validados cuando te diste permiso de sentirlos —porque no tuviste más opción—. Es lo que hacemos en terapia. Es lo que hacemos cuando nos desahogamos. Es lo que ocurre cuando experimentamos una catarsis. Una película con la que, de cierto modo, disfrutamos estar tristes nos permite sentirnos tristes en un mundo que de otra forma no lo haría.

Pero hay una manera más sana y fácil, que es aprender cómo procesar nuestros sentimientos en tiempo real.

«Validar tus sentimientos» parece un término complejo, pero en realidad significa una cosa: que te dejes tenerlos.

Cuando estás sanando un trauma del pasado, muchas veces es fundamental que te permitas sentir la expresión completa de una emoción. Quizá lo hayas hecho en el pasado. Piensa en el fallecimiento de un familiar al que amabas, pero con quien no tenías un vínculo demasiado estrecho. Cuando te enteraste de su muerte, sin duda te pusiste triste. Pero no fuiste a su funeral, lloraste solo una hora y luego seguiste con tu vida como si nada hubiera pasado.

Al contrario, es probable que hayas sufrido un ataque de tristeza en ese momento, y quizás otra vez al día siguiente, y quizás otra vez a la semana. Las oleadas de dolor iban y venían con distintas intensidades. Cuando no les opusiste resistencia, lloraste y te sentiste triste, o tal vez tomaste una siesta, un baño caliente o te diste un día libre en el trabajo.

Y entonces, sin mucho esfuerzo de tu parte, el sentimiento se desvaneció y te sentiste mejor.

Una vez que sentimos y reconocemos una emoción, a menudo desaparecerá sola. Si no hay una línea de acción que seguir —si lo único que en verdad necesitamos hacer es aceptar la emoción—, entonces solo tenemos que permitirnos estar ahí.

La razón por la que no lo hacemos con más naturalidad es porque, obvio, no podemos romper en llanto en nuestro escritorio cada que algo nos molesta. Cerrar la válvula de agua está perfectamente bien, siempre y cuando podamos volver a casa y dejarla salir más adelante. Está bien controlar cuándo y dónde llevamos a cabo nuestro proceso y, de hecho, es mejor cuando aprendemos a hacerlo en un espacio más estable y seguro.

Podemos tomarnos unos minutos al día para escribir en un «diario basura»*, pasar un tiempo con nosotros mismos donde tan solo podamos experimentar nuestros sentimientos, sin juzgarlos ni tratar de cambiarlos. Puede ser tan simple como permitirnos llorar antes de quedarnos dormidos. Con frecuencia pensamos que esto es un signo de debilidad; cuando, en realidad, la capacidad de llorar con libertad es una profunda muestra de fortaleza mental y emocional. Más bien tenemos un gran problema cuando no podemos llorar por lo que de verdad está roto en nuestra vida.

---

* *Junk journal*, en inglés, es un tipo de diario hecho a manera de manualidad a partir de cualquier tipo de material para reciclar que visualmente sea atractivo; al mismo tiempo sirve para escribir tu día a día, así como un álbum de recuerdos e intereses generales. [N. del T.]

Validar la manera en que alguien más se siente es un ejercicio de empatía radical. Es comenzar la conversación con: «Está bien sentirse así». Porque, cuando señalamos qué tan mal está alguien por sentirse como se siente, deja de escuchar. Y deja de escuchar porque se siente avergonzado. La persona ya sabe que no está bien sentirse así. Si inicias la conversación aumentando las defensas de alguien o haciendo que entre en pánico y se reprima todavía más, empeoras la situación.

Pero si inicias recordándole que cualquiera en su situación podría sentirse igual, que es muy posible que tenga emociones fuertes y abrumadoras que no necesariamente significan que su vida esté del todo arruinada, y que está bien sentirse devastado cuando hay cosas devastadoras frente nosotros, entonces aligeramos su carga. Lo sabemos porque, cuando dejamos de oponer resistencia a sentirnos tristes y solo nos permitimos estar tristes, nos damos cuenta de que esto no durará para siempre. Vemos que a veces el problema más grande no estriba en que estemos devastados, sino en que, al rehusarnos a aceptar lo que está frente a nosotros, causamos mucho más sufrimiento de lo que habríamos provocado si tan solo hubiéramos llorado cuando necesitábamos hacerlo en abundancia.

Validar a otras personas nos enseña cómo validarnos a nosotros. Y cuando aprendemos a validarnos nos fortalecemos. Vemos que nuestras emociones ya no son amenazas, sino informantes. Nos muestran lo que nos importa, lo que queremos disfrutar y lo que queremos proteger. Nos recuerdan que la vida es fugaz y desafiante y hermosa. Cuando estamos dispuestos a aceptar la oscuridad, es solo entonces que encontramos la luz.

ADOPTAR TUS PROPIOS PRINCIPIOS

Si te sientes perdido o no sabes adónde quieres encaminar tu vida; o, peor aún, temes que todo lo que has construido se desplome, no necesitas más inspiración. No necesitas más del pensamiento positivo.

Cuando tienes problemas de dinero, necesitas principios de dinero.

Cuando tienes problemas en tus relaciones, necesitas principios de relaciones.

Cuando tienes problemas laborales, necesitas principios laborales.

Cuando tu vida tiene problemas, necesitas principios de vida.

Más dinero no resuelve los problemas de dinero. Otras relaciones no resuelven los problemas de relación. Un nuevo trabajo no resuelve los problemas laborales. Tu vida futura no resolverá tus problemas de vida.

Esto ocurre porque el dinero no te hace bueno con el dinero. El amor no hace que te ames a ti mismo. Las relaciones no te hacen bueno en las relaciones. El trabajo no te hace bueno en el trabajo, o capaz de lograr un equilibrio entre tu vida laboral y tu vida personal.

Por sí mismos, los problemas no te hacen una persona más fuerte, a menos que cambies y te adaptes. La variable aquí eres tú. El común denominador es cambiar la dirección de tu perspectiva básica del mundo y tu manera de comportarte en él.

Seamos claros: alguien que gana 500 mil dólares puede estar tan endeudado y pasar dificultades tan serias como alguien que gana 50 mil; y, de hecho, esto ocurre más seguido de lo que podrías haber imaginado. Las personas que ganan menos dinero deben aprender a administrarlo mejor, y aquellas que ganan más piensan que pueden prescindir de los principios debido a las cantidades que están logrando percibir.

Puedes arruinar la relación de tus sueños tan rápido como puedes arruinar un ligue, pues la forma en que te relacionas con los demás es un asunto tuyo, no algo que cambie dependiendo de si conoces o no a la persona perfecta, alguien que nunca te haga estallar o te abrume, y se relacione contigo con una consideración positiva e incondicional.

Puedes sentirte tan infeliz en tu trabajo ideal, con el horario perfecto y el salario más deseado, si no sabes cómo distribuir tu tiempo, relacionarte con tus compañeros de trabajo o impulsar tu carrera. Las personas que están «viviendo sus sueños» y «siguiendo sus pasiones» pueden sentirse tan infelices como aquellas que no han llegado a esos niveles.

Si no tienes principios, tu vida no va a mejorar. Los problemas solo te van a perseguir e irán creciendo a medida que lo haga tu vida.

Las cosas buenas que nos pasan en la vida son como una lupa. Nos señalan las áreas en las que todavía necesitamos crecer. El verdadero amor nos señala. El dinero nos señala. Los trabajos ideales nos señalan. Lo bueno, lo malo, lo que desesperadamente necesita cambiar ahora mismo.

Si no tienes principios ahora, no los tendrás más adelante. Si no tienes el principio del dinero de gastar menos de lo que ganas, no podrás hacerlo cuando tengas más dinero. Si no tienes el principio de las relaciones de no depender de los demás para tener un sentido de identidad propia, tu situación no se resolverá como por arte de magia cuando conozcas a la «persona adecuada»; solo sabotearás también dicha relación.

¿QUÉ ES UN PRINCIPIO?

Un principio es una verdad fundamental que puedes emplear para construir los cimientos de tu vida. Un principio no es una opinión o una creencia. Un principio es un asunto de causa y efecto.

Los principios pueden ser lineamientos personales.

Los siguientes son algunos ejemplos de principios de dinero: mantén bajos los gastos generales, liquida tus deudas y evita contraer nuevas, gasta menos de lo que ganas o ahorra para cuando vengan tiempos difíciles.

Muchos expertos financieros proponen darle prioridad al pago de las deudas como inicio de la salud financiera. Esto se debe a que un día de interés acumulado quizá no te impactará tanto. Pero veinte años sí, llegando a sumar decenas de miles de dólares, si no es que más.

Del mismo modo, un día de interés ganado en inversiones no harán la gran diferencia. Pero veinte años sí, alcanzando un margen aún más significativo.

La finalidad de tener principios es que te cambia de la supervivencia a corto plazo a la prosperidad a largo plazo.

La mayoría de las cosas en nuestra vida están gobernadas por principios. Stephen Covey lo explica bien: los principios son una ley natural, como la gravedad. Es diferente a un valor. Los valores son subjetivos; los principios, objetivos.[17] «Controlamos nuestras acciones, pero las consecuencias que derivan de esas acciones están controladas por principios», dice Covey.

Esto quiere decir que, si estamos comprometidos con el principio de llevar una dieta nutritiva todos los días, será inevitable que cosechemos los frutos de una salud mejorada. Si escribimos una línea diaria por muchos muchos años, será inevitable que escribamos una obra más extensa. Si nos comprometemos a cubrir una parte de nuestras deudas cada mes, será inevitable que liquidemos nuestro saldo. Si invertimos de forma consistente y con sabiduría, al final veremos un rendimiento.

Nuestra vida está gobernada por principios, como explica Benjamin Hardy: «La mayoría de las personas estudia de último momento y aprisa para rendir los exámenes durante sus años de universidad. Pero ¿puedes prepararte con esa prisa y ese descuido si eres un agricultor? ¿Puedes olvidarte de sembrar en primavera, desentenderte todo el verano y luego trabajar duro en el otoño? Claro que no. Un cultivo es un sistema natural gobernado por principios».[18]

También tú.

«La ley de la cosecha siempre está vigente. Lo que siembras, lo debes cosechar. Además, lo que siembras de manera consistente, en efecto, con el tiempo produce una cosecha compuesta y exponencial. A menudo no experimentas de inmediato las consecuencias de tus acciones, lo que puede ser decepcionante. Si fumaste un cigarrillo, es probable que no te dé cáncer. Si gastaste 10 dólares en un café solo un día, es probable que eso no afecte tu vida financiera. Pero, con el tiempo, estos hábitos traen consecuencias drásticas. Resulta que 10 dólares diarios, a lo largo de cincuenta años, con un interés compuesto del 5%, se convierten en 816 000 (dólares)».[19]

Cuando realizas una inversión, no esperas ver un rendimiento ese día. Del mismo modo, puedes irte a dormir sintiéndote satisfecho, sabiendo que has hecho progresos para tu futuro solo con adherirte a tus principios.

Las cosas pequeñas, hechas repetidamente y con el tiempo, se vuelven grandes cosas.

¿POR QUÉ LA INSPIRACIÓN NO ES EFECTIVA AQUÍ?

La inspiración puede ser engañosa. Los grandes sueños que no están respaldados por planes estratégicos son grandes fracasos esperando a ocurrir.

La inspiración significa que tomas un sentimiento y lo desarrollas. Le permites a tu mente divagar: armas bellas representaciones y creas una imagen de cómo te gustaría que se sintiera tu vida.

Los principios son aburridos. No son inspiradores. Son leyes de la naturaleza.

Los principios no son gratificantes de inmediato.

No hacen que nos sintamos mejor enseguida.

Por eso, a menudo recurrimos a la inspiración pero no la encontramos efectiva. Esto ocurre porque fijamos nuestra mente y nuestro corazón en una vaga idea de lo que creemos que queremos, sin nunca haber evaluado si de verdad queremos embarcarnos en el trabajo diario y el esfuerzo que implica llegar ahí.

Cuando no combinamos la inspiración con los principios necesarios para lograr dichos sueños, nos perdemos y decepcionamos más que nunca.

¿CÓMO EMPIEZO A DESARROLLAR MIS PROPIOS PRINCIPIOS?

Nadie nace con excelentes principios; son algo que aprendes.

Sin embargo, existen muchos principios diferentes en la vida, y algunos pueden contradecirse entre sí. Por eso es importante que adoptes los tuyos propios, que encajen con tus metas y tu vida.

Comienza con esto:

- ¿Qué valoras? ¿Qué es importante para ti de forma genuina?
- ¿Qué sentimientos son los que quieres experimentar en tu vida?
- ¿Qué te pone intranquilo o te da ansiedad?

Las respuestas podrían ser más o menos así:

Valoro las relaciones; así que, por principio, voy a darles prioridad cuando se dé la oportunidad. O, por principio, valoro las relaciones honestas y positivas, así que ya no voy a estar a la expectativa: a menos de que al-guien se comprometa dentro de un tiempo razonable, tomaré su indecisión como un «no».

Quizá valoras más la libertad financiera; así que, por principio, vas a usar tu dinero extra para liquidar tus deudas, o bien para hacer crecer tus ahorros o tus inversiones. Quizá valoras viajar y gozar de libertad; así que, por principio, vas a empezar a trabajar para ti y siempre darás prioridad a trabajar a distancia o escoger tu propio horario.

Cuando tienes claro cuáles son tus principios puedes construir tu vida desde una posición genuina y sana. Puedes comenzar a trabajar en metas que apoyen lo que quieres experimentar y lo que no; metas que te volverán tu versión más feliz y tranquila.

Una buena vida se construye del interior al exterior y se asienta sobre una base de autoconducta y priorización. No es tan idealista como un tablero de visualización, pero es mucho más efectivo.

ENCONTRAR TU VERDADERO PROPÓSITO

Cuando vives en un mundo que a cada rato te dice que sigas a tu corazón, que confíes en tu intuición, que renuncies a tu trabajo habitual y hagas lo que te apasiona; puede ser desalentador no saber por dónde empezar. Cuando empiezas a pensar que no sabes qué hacer con tu vida, lo que en realidad quieres decir es que no sabes quién eres todavía.

Encontrar tu propósito no forzosamente es darte cuenta de que estás destinado a vivir en un monasterio o a consagrar tu vida a una vocación o meta en particular. Tu propósito no es un trabajo, no es una relación, ni siquiera un campo profesional. Antes que nada, tu propósito es tan solo estar aquí. Tu existencia ha cambiado al mundo de una manera imperceptible para ti. Sin ti, nada en absoluto habría existido justo de la forma en que lo hace ahora. Es importante entender esto, porque, si empiezas a creer que tu propósito de vida entero es un trabajo específico o una función que desempeñas en casa, ¿qué ocurrirá cuando renuncies o te retires, o cuando los hijos crezcan y ya no seas el padre de familia?

Te hundirás porque tendrás la falsa creencia de que esa era tu única razón de ser.

Tu propósito hoy puede haber sido ofrecerle a alguien una sonrisa cuando más desanimado estaba. Tu propósito esta década puede ser el trabajo en el que estás. Cuando te das cuenta de que siempre estás generando un impacto en el mundo que te rodea, comienzas a percatarte de algo: lo más importante que puedes hacer para vivir de forma significativa es trabajar en ti mismo. Para volverte conscientemente tu versión más feliz, gentil y cortés.

Conocer tu propósito tampoco significa necesariamente que, de ahora en adelante, tu vida será fácil, o que siempre sabrás qué hacer. De hecho, cuando estás en tu propio camino de manera genuina, el futuro no es claro, porque si lo fuera, en realidad estarías siguiendo los pasos de alguien más.

Habiendo dicho todo eso, cuando la mayoría de las personas se pregunta acerca de su propósito, generalmente, se está refiriendo a la obra de su vida y a su trabajo. Tu carrera no es poca cosa. Es la manera en que pasarás la mayor parte de tu día, todos los días, gran parte de tu vida. Por eso, dar con la mejor forma de servir al mundo mediante tu carrera hace que las largas jornadas y los momentos difíciles sean llevaderos.

Tu propósito de vida es el punto en el que tus habilidades, intereses y el mercado se cruzan.

Tú eres el plano de tu futuro. Todo lo que eres, todo lo que has vivido, todo para lo que eres bueno, toda circunstancia en la que te has encontrado, todo lo que te apasiona no es casual; es un reflejo de quién eres y una señal de lo que viniste a hacer aquí.

Sin embargo, volverse autoconsciente no es tan fácil como suena. Puede que aún no estés seguro de para qué eres bueno, o si te apasiona una cosa más que otra. Está bien, porque tu propósito no requiere que seas el mejor en algo.

No es aquello en lo que tú, y solo tú, puedes tener más éxito que cualquier otra persona. Son las cosas que te atraen de forma natural, que sin esfuerzo brotan de ti y que te provocan emociones específicas. Estás aquí para trabajarlas. Estás aquí para transformarlas. Tu propósito principal es volverte tu versión ideal. Todo lo demás fluye desde ahí.

DESCUBRIR QUÉ QUIERES HACER CON TU VIDA

Aquí hay algunas preguntas que te puedes hacer si quieres saber cuál es en realidad tu propósito:

¿Por qué, y por quién, vale la pena sufrir?

Incluso trabajar haciendo lo que amas no significa que cada día será fácil. Todo viene con su propio conjunto de desafíos, así que la cuestión en realidad es: ¿qué es aquello para lo que estás dispuesto a trabajar? ¿qué es aquello para lo que estás dispuesto a estar incómodo?

Cierra los ojos e imagina tu mejor versión. ¿Cómo es esa persona?

Tu mejor versión posible —la más amorosa, gentil, productiva y autoconsciente— es quien eres en realidad. Todo lo demás es un producto secundario de los mecanismos de afrontamiento que has desarrollado y has tomado de otras personas.

Si las redes sociales no existieran, ¿qué harías con tu vida?

Si supieras que no podrás presumir, impresionar o ni siquiera compartir lo que has elegido hacer con tu vida, ¿cómo cambiaría eso tus ambiciones? Esto distingue lo que estás haciendo porque quieres hacerlo de lo que haces solo por cómo se ve para los demás.

¿Qué se te da de forma más natural?

Aquello para lo que eres bueno por naturaleza es el camino que debes seguir primero, porque es el camino en el que vas a prosperar con mayor facilidad.

¿Cómo sería tu rutina diaria ideal?

Olvídate de la descripción de tu perfil profesional. Olvídate de tener un título *fancy* o de impresionar personas en LinkedIn. Piensa en lo que quieres hacer día con día. Muchísimas personas se meten a trabajos que creen que los harán felices, pero se dan cuenta de que solo les gustaba la idea de tenerlos, y no la realidad del día a día.

¿Cuál quieres que sea tu legado?

En vez de preocuparte por las virtudes que incluirás en tu currículum, enfócate en las virtudes que dirán en tu elegía cuando mueras. ¿Como qué tipo de persona quieres ser recordado? ¿Cuáles son los logros o las cualidades por las que quieres ser conocido?

Aunque es lindo reflexionar acerca de todas las virtudes y talentos de tu vida, aquí hay una parte aún más importante del proceso para encontrar tu propósito: a menudo lo encuentras a través del dolor. La mayoría de las personas toma conciencia de su propósito no porque tengan claro cuáles son sus talentos y cómo pueden sacarles el mejor provecho, sino porque en algún momento se encuentran perdidos, agotados, exhaustos y entre la espada y la pared.

Al experimentar dificultades y desafíos, comenzamos a darnos cuenta de lo que realmente nos importa. Despierta una llama que, cuando se aviva con acción y compromiso, se vuelve un fuego transformador.

Si escuchas las historias de muchas de las personas más exitosas del mundo, en general comienzan con unas dificultades terribles. Frente a las situaciones más improbables, estas personas tuvieron que actuar. El confort y la complacencia no eran una opción. Se dieron cuenta de que debían volverse los héroes de su propia vida y los creadores de su propio futuro.

Al final de tu vida, tu propósito estará definido no por cómo luchaste, qué circunstancias te rodearon o qué se suponía que debías hacer; sino por cómo respondiste frente a la adversidad, quién eras para las personas de tu entorno y qué hiciste día con día que, lentamente, cambió el curso de la humanidad de una manera única.

CAPÍTULO 7

DEL AUTOSABOTAJE A LA AUTOMAESTRÍA

PASAR DEL AUTOSABOTAJE a la automaestría suena como una transformación extraordinaria, cuando, en realidad, es el proceso natural de llegar a entender que fuiste responsable de haber detenido tu vida y que, por lo tanto, también eres quien puede hacerla avanzar.

DOMINAR TUS EMOCIONES VS. SUPRIMIR TUS EMOCIONES

Los budistas creen que el dominio de la mente es el camino a la iluminación.[20] Con *iluminación* se refieren a la felicidad espontánea y verdadera.

La idea es sencilla en la teoría, pero compleja en la práctica: explorando nuestra comprensión de la mente y entrenándola para comportarnos de determinada manera nos purificamos, en cierto modo, para experimentar la naturaleza esencial de lo que somos, que es —según ellos— la alegría.

Si alguna vez has ido a clase de meditación, sabrás que el primer principio del control mental es lo contrario a lo que piensas: es soltar.

Para dominar de verdad la mente, los budistas practican el no-apego, para lo cual se sientan con serenidad, respiran a un ritmo constante y dejan que los pensamientos surjan, se adhieran y entonces se vayan.

Su enfoque es que, en realidad, dominar la mente es cuestión de que la persona se rinda ante ella, permitiendo que se comporte como quiera mientras la persona regula su forma de reaccionar.

¿CÓMO SABES SI ESTÁS REPRIMIENDO TUS EMOCIONES O DOMINÁNDOLAS?

La represión emocional es una estrategia de regulación que la gente usa cuando no cuenta con mecanismos de afrontamiento adecuados para sus sentimientos.

El patrón a menudo es este: la persona niega o ignora su verdadera reacción ante una situación o experiencia, cree que simplemente se desvanecerá si continúa sin prestarle atención, encuentra que su vida diaria se trastoca por una sensación de inquietud y, un día, todo llega a un límite y tiene un arrebato emocional que no puede controlar.

Por lo regular, la terapia tiene el objetivo de ayudar a los pacientes a que dejen de reprimir cómo se sienten. En vez de eso, se les anima a que reconozcan sus emociones, pero escogiendo cómo responder ante ellas.

En el proceso de sanación, la diferencia entre reprimir y dominar puede parecer una delgada línea.

Cuando alguien se te atraviesa en el tráfico y eliges no gritarle, ¿estás reprimiendo cómo te sientes, o dominándolo? Si tu pareja dice una tontería más y eliges no responder a eso, ¿estás reprimiendo cómo te sientes, o dominándolo? Si tu colega te importuna a cada rato con algo de un proyecto y eliges no decir nada, ¿estás reprimiendo cómo te sientes, o dominándolo?

REPRIMIR OCURRE DE MANERA INCONSCIENTE; DOMINAR, DE MANERA CONSCIENTE

Las emociones reprimidas funcionan de manera similar a los sesgos inconscientes. Uno de esos tipos de sesgo es el sesgo de confirmación, en el que tu cerebro examina estímulos para guiar tu atención hacia hechos y experiencias que respalden aquello en lo que ya crees. Aunque no estás consciente de este sesgo, todavía te afecta.

Por otro lado, dominar tus emociones implica que te vuelvas más consciente de cómo te sientes. Te das cuenta de que te sientes enojado, triste u ofendido, pero estás eligiendo qué hacer al respecto. En realidad, no estás dominando tus emociones, sino tu conducta.

Cuando reprimes tus emociones, no sabes lo que estás sintiendo y tu conducta parece estar fuera de control. Cuando dominas tus emociones, sabes lo que estás sintiendo y tu conducta parece estar bajo tu control.

La respuesta es que, cuando estés en el tráfico, o en una discusión, o lidiando con un colega difícil, debes ser consciente de lo que sientes, pero aun así mantener el control de cómo respondes. Las emociones son temporales, pero las conductas son permanentes. Siempre eres responsable de las acciones que eliges.

A menudo pensamos que la medida de la fuerza física es la cantidad de peso que podemos aguantar, la distancia que podemos correr o el volumen de nuestros músculos. En realidad, la fuerza física es una muestra de cuán eficientemente funciona el cuerpo, qué tan capaz es de realizar con eficacia las tareas diarias y los retos ocasionales, cuando surgen.

La salud mental es justo igual. No es una muestra de qué tan felices nos vemos, qué tan perfectas son las cosas o qué tan incondicionalmente «positivos» podemos ser, sino de que podemos ir por la vida diaria y los retos ocasionales con la suficiente fluidez y razón para no reprimirnos ni detenernos.

Amy Morin, como es bien sabido, reveló algunas de las cosas que no hacen las personas de mentalidad fuerte. Identificar los hábitos y conductas es esencial, pero ¿y si simplemente no estás ahí todavía? Si quieres volverte una persona de mentalidad fuerte, aquí es donde empiezas.

APRENDER A CONFIAR DE NUEVO EN TI MISMO

La paz interior es el estado de conexión con el profundo conocimiento interno de que todo está bien y siempre lo estará. El concepto de encontrar la propia «paz interior» ha sido parte de prácticas espirituales y metafísicas por siglos y, de manera reciente, se ha vuelto más predominante con el desarrollo de la psicología popular.

Albert Camus dijo una vez: «En medio del invierno, descubrí que había en mi interior un verano invencible».

Eso resume todo lo que en realidad es la paz interior: la comprensión de que, no importa qué esté pasando a tu alrededor, hay un lugar de total conocimiento y calma en tu interior. No solo puedes regresar a ese lugar cuando lo necesites, sino que también es posible vivir toda tu vida desde allí. El desafío es aprender la manera de entrar en contacto con él, en primer lugar, y reconfigurar la forma en que respondes a tu mente, que siempre está saltando de un peor escenario a otro.

¿Ubicas cuando las personas dicen que saben algo «en el fondo»? Dicen cosas como: «Estoy preocupado, pero en el fondo sé que todo va a estar bien». O «Estoy enojada con él, pero en el fondo sé que me ama». ¿A qué crees que se están refiriendo? ¿Dónde es «en el fondo»? Están hablando del lugar en su interior que tiene una infinita sabiduría, un mejor entendimiento y una perspectiva más profunda de lo que está pasando. No se estremece con los agentes estresantes o miedos que la mente quiere ofrecer.

Gran parte del proceso de encontrar la paz interior es poder llegar a ese lugar «en el fondo» donde sabes y sientes que al final todo estará bien.

Hay otra metáfora en meditación: a la calma se le compara con aquietar un lago o un extenso cuerpo de agua. Tus pensamientos y acciones son como piedras en el agua: crean un efecto de ondas circulares. La finalidad de la meditación es hacer que estés lo suficientemente tranquilo para que el agua regrese a su quietud natural. No tienes que forzar al agua a estar quieta. Lo hace por sí misma cuando dejas de interrumpirla.

Lo mismo aplica para encontrar la paz interior. No es tanto algo que tienes que crear sino algo a lo que debes regresar.

CREAR METAS ALINEADAS

Una de las partes más importantes de descubrir tu paz interior es que cambias tu deseo por «felicidad».

Por desgracia, la felicidad no es constante. Puede llevarte a formar apego por ciertos logros, pertenencias o circunstancias específicas. Puede llevarte a depender de la opinión de otras personas o de que la vida se desenvuelva de una manera particular. Cuando tu meta es la felicidad, siempre encontrarás, justo detrás de ella, una persistente sensación de infelicidad —así es como funcionan el equilibrio y la dualidad. Pero ¿y la paz interior? Es el estado entre las escalas. Cuando es tu meta, no hay forma de que pierdas.

Esto es difícil para la mayoría de las personas, quienes con frecuencia seguirán creando estrés, causando problemas y haciendo drama por sí mismas, porque sus egos todavía están muy apegados a pensar que necesitan de algo externo para sentirse bien. Este es el rasgo prototípico de alguien que todavía no ha encontrado su paz interior: está buscando, a menudo de forma desesperada, una sensación de satisfacción, pertenencia o valía fuera de sí mismo.

Piénsalo de esta forma: ¿qué es lo que, por lo general, imaginas que te traerá felicidad? ¿Dinero? ¿Una relación? ¿Un ascenso laboral? ¿Qué ocurre cuando logras estas cosas? De manera constante, en toda la humanidad, la respuesta es la misma: regresas a tu línea base. Esto es así porque este tipo de felicidad no es real. Solo al estar por completo en paz, a cada momento de cualquier día, encontrarás una sensación genuina de asombro, presencia y alegría.

¿QUÉ NOS ALEJA DE NUESTRA PAZ INTERIOR EN PRIMER LUGAR?

Con todo lo que se dice sobre cómo tenemos que «regresar» a nuestro sitio de paz interior, surge la pregunta de por qué nos desconectamos de él en primer lugar. Esto es importante, pues entender por qué lo perdemos es fundamental para encontrarlo de nuevo.

Cuando crecemos, nos adaptamos a nuestro entorno. Adoptamos creencias e ideas de las personas que nos rodean. Modificamos nuestra personalidad para estar más seguros; creemos que el mundo no puede lastimarnos. Cuando somos niños, somos más vulnerables que nunca, y es durante ese tiempo que adquirimos los recursos que fácilmente pueden volverse mecanismos de afrontamiento para toda la vida.

Si desde una edad temprana no se nos instruye para conectar con nuestro sentido interior de paz, empezaremos a confiar de manera instintiva en la voz en nuestra cabeza. Aquí es donde nos perdemos en verdad, porque los pensamientos que tenemos acerca de cualquier día son, en gran medida, el producto de aquello que los budistas llamarán la «mente de mono», o, como podrían explicar los neurólogos, el proceso de diferentes receptores disparando y formulando asociaciones con cosas que podrían o no tener que ver con la realidad.

Cuando empezamos a confiar en nuestros pensamientos, los dejamos influir en nuestros sentimientos. Esto se vuelve un ciclo, y termina por atrapar a la mayoría de las personas que no son conscientes de que eso pasa. Tienen un pensamiento extraño y temible, luego tienen una convicción firme, y la combinación de ambos hace que la situación se sienta real, cuando en realidad es una mala interpretación de tu proceso neurológico.

Claro, eso no quiere decir que nuestros pensamientos no sirvan de nada. Solo significa que no siempre reflejan la realidad y que deberían utilizarse como sugerencias más que cualquier otra cosa.

¿POR QUÉ LAS PERSONAS NO PUEDEN ENCONTRAR SU PAZ INTERIOR CON FACILIDAD?

La respuesta es que sí pueden, solo que a la mayoría de las personas no se le enseña cómo hacerlo. Sin embargo, más allá de eso, la mayoría de las personas en realidad tienen mucho miedo como para entrar en sus propios estados emocionales, porque su niño interno está muy traumatizado.

Todos tenemos un «niño interno»; es tu parte más inocente y pura, y nunca se va.[21] Con el tiempo, es tu responsabilidad aprender a criar ese niño interno, que será quien en realidad te aleje de tu paz interior. Será el que haga berrinche y te diga que todo se está cayendo a pedazos y que morirás y que simplemente deberías rendirte.

Así como no dejarías que un niño dirija tu vida consciente, no siempre puedes creer en aquello que le da miedo a tu niño interno. No obstante puedes aprender a trabajar con él, sanarlo y hacerlo sentir seguro… como cualquier padre lo haría.

Stephen Diamond lo explica así: «Para empezar, el niño interno es real. No en el sentido literal. No en el físico. Pero real en sentido figurado, metafórico. Es, como los complejos en general, una realidad psicológica o fenomenológica, con un poder extraordinario». Argumenta que los trastornos mentales y los patrones destructivos de conducta usualmente están más o menos relacionados con partes inconscientes de nosotros y que, la mayoría de las veces, fueron adoptados en etapas tempranas de la vida.

ENCONTRAR TU PROPIA PAZ

Encontrar la paz interior no siempre se trata nada más de sentarte en posición de loto hasta que la sabiduría se vuelva parte de ti; se trata de tomar la decisión incómoda de quedarte con tu incomodidad y elegir diferente.

Como explica Gail Brenner: «La guerra interna se perpetúa a causa de la resistencia —no querer sentirnos como nos sentimos, no querer que la gente haga lo que hace, no querer que los eventos ocurran como están ocurriendo—. La resistencia quiere reescribir nuestra historia personal y asegurarse de que nuestros planes se materialicen». Brenner señala que la paz interior es el único tipo de paz que existe, porque no hay nada más que esté bajo nuestro control.[22]

Otra forma en verdad asombrosa de encontrar tu paz interior es que te recuerdes, de manera constante, que tus preocupaciones son una fabricación de tu mente porque necesita identificar amenazas potenciales para sobrevivir, y que la verdadera felicidad consiste en estar aquí en el momento. Si te cuesta trabajo creerlo, haz una lista de lo siguiente:

- Todo lo que te ha causado una gran preocupación en tu vida. Abarca tantos años hacia atrás como puedas y sé tan detallado como puedas.
- Cada situación difícil de la que juraste que nunca saldrías adelante o que nunca superarías.
- Cada vez que te has sentido genuinamente feliz o en paz.

Está garantizado: tus respuestas al primer punto te sacarán una sonrisa, pues te recordarán que has tenido constantes preocupaciones en tu vida, pero que en su mayoría han sido infundadas.

Tu respuesta al segundo punto también será un alivio, pues te mostrará cuánto dolor pensabas que era insuperable en tu vida y cómo, visto en retrospectiva, en realidad ya nunca piensas en las cosas que lo causaron.

Por último, tus respuestas a la tercera pregunta te recordarán que tu felicidad nunca ha provenido de que las cosas sean perfectas en el exterior, sino de que estés presente y abierto y conectado contigo y el momento.

TOMAR DISTANCIA DE LA PREOCUPACIÓN

Así como es fácil volverse adicto a sustancias y conductas que nos permiten evadirnos del momento presente, preocuparse es el principal mecanismo de afrontamiento que las personas utilizan para distraerse de lo que en verdad importa.

Con el tiempo, te convences de que preocuparte significa estar a salvo. Piensas que, al reproducir los peores escenarios en tu mente una y otra vez, estarás mejor preparado para afrontarlos. Esto es falso por completo. No solo estás agotando tu energía imaginando situaciones que muy a menudo han sido fabricadas en su totalidad; sino que, cuando ya estás hipersensible a cualquiera de estos miedos o ideas, en verdad creas esas circunstancias simplemente a causa de tu evasión o tu forma excesiva de responder ante ellas.

Tienes que recordar que, entre todas las cosas que hay que saber acerca de la «mente de mono», tu mente quiere buscar de manera constante situaciones y experiencias que la confirmen. Si crees que algo estará bien, lo estará. Puede no verse justo como lo imaginaste, pero el resultado será justo lo que esperabas.

Encontrar tu paz interior es nada más conectar con tu sabiduría más profunda. No es algo que tengas que crear, justificar, imaginar o alcanzar. Siempre está en tu interior, siempre es una opción y constantemente es una decisión. Solo tienes que tomarla.

RECORDANDO QUE TUS SENTIMIENTOS NO SIEMPRE SON HECHOS

La parte más desafiante de todo esto es llegar al punto en que puedes diferenciar entre cuáles sentimientos son instintivos y esclarecedores, y cuáles están arraigados al miedo y al ego.

En un mundo que a cada rato te dice que tu intuición conoce todo y que tus sentimientos son reales, y que, si alcanzas la profundidad suficiente, descubrirás un pozo de sabiduría que puede guiarte… puede asumirse con mucha facilidad que cada sentimiento e idea que tenemos no solo es real, sino que de alguna manera está prediciendo lo que pasará en el futuro.

Tus sentimientos no son predicciones. No son mecanismos para leer la suerte. Solo te devuelven el reflejo del estado actual de tu mente. Es como tener una pesadilla: los monstruos no son reales, pero pueden ser metáforas de algo que te preocupa en tu vida consciente.

Lo que frena a mucha gente de encontrar su paz interior es que no puedan diferenciar qué es lo correcto: su miedo o su sentimiento de paz.

Recuerda esto: el sentimiento de paz es el que te está diciendo la verdad.

Tus sentimientos no están aquí para decirte qué va a pasar. Solo están aquí para informarte en dónde te encuentras a nivel energético y mental, y cómo deberías responder a lo que pasa a tu alrededor. El miedo está intentando asustarte para que no crezcas y te mantengas a salvo. Es algo mortal y limitado. El sentimiento de paz está tratando de recordarte que todo estará bien porque siempre lo está… y siempre lo estará, sin importar lo que pase.

VOLVERSE DE MENTALIDAD FUERTE

No importa quién seas o cuál sea tu propósito en la vida, la fuerza mental será un componente clave para garantizar que materialices todo tu potencial oculto.

La fuerza mental no es un rasgo fijo. No es algo que de manera inherente tengamos o no. Irónicamente, el hecho de que te enfrentes con muchos desafíos en tu vida no forzosamente la hará más fácil de tener. De hecho, con frecuencia son las personas que están atravesando las circunstancias más difíciles las que se ven forzadas a desarrollar los niveles más altos de fuerza mental.

Tener una mentalidad fuerte es un proceso y una práctica.

Aquí es donde puedes empezar.

HAZ UN PLAN, PORQUE LOS PLANES SOLUCIONAN PROBLEMAS

Las personas de mentalidad fuerte son planificadoras.

Prevén. Preparan. Hacen lo que es mejor para el resultado a largo plazo.

Podrías pensar que eso las desconecta del momento, pero es al revés. La preocupación es la que te desconecta del momento. Pensar demasiado las cosas te desconecta del momento. Cuando a cada rato estás al margen de tu propia ansiedad, es porque no tienes un plan respecto a lo que te da miedo.

Piensa en algo que no te dé miedo. ¿Sabes por qué no te da miedo? Porque tienes un plan de acción en caso de que ocurra. Así que puedes soltarlo y estar presente.

Ya sea tener finanzas saludables, mejorar tus relaciones, ir a terapia, obtener un nuevo empleo, perseguir un nuevo camino profesional o un sueño, si no tienes un plan, vas a seguir teniendo un problema.

APRENDE A SER HUMILDE, PORQUE NO TODO SE TRATA DE TI

Parecería que todo el mundo está pensando en ti, que está juzgándote, evaluándote y determinando tu posición en la sociedad. Pues no lo está.

Las redes sociales nos han asemejado a minicelebridades dentro de nuestros propios círculos: nos vamos convenciendo de que todos a nuestro alrededor están desproporcionadamente al pendiente de cada detalle de nuestras vidas.

En unas décadas, ya no estarás. Una nueva familia habrá comprado tu casa. Alguien más estará ocupando tu puesto de trabajo. Tus hijos serán adultos. Tu trabajo estará terminado. No se supone que esto deba deprimirte, se supone que debe liberarte.

Nadie está pensando en ti de la forma en que crees que están pensando en ti. Principalmente, están pensando en ellos mismos. Cuando te sientas cohibido por ir en pants a comprar al supermercado, por favor, entiende que a nadie le importa y nadie está pendiente. Cuando te sientas preocupado por tus logros o la falta de ellos, por favor, reconoce que esto a nadie le suele importar ni está pendiente. Esto es verdad para absolutamente todo en la vida.

Nadie te está evaluando de la forma en que tú te estás evaluando. Por lo general, las personas se quedan con la primera impresión que les das. Deja de pensar que eres el centro del universo. Este mundo no se trata solo de ti. Ni siquiera tu vida se trata solo de ti. Mientras más puedas hacer a un lado tu complejo de reflector, más podrás relajarte.

PIDE AYUDA, PORQUE NO SE SUPONE QUE LO SEPAS TODO

Vivimos en una sociedad especializada.

Las personas van a la escuela; se capacitan y practican para volverse expertas en una labor. Luego comercializan y venden esta labor a cambio de comprar la pericia de otras personas.

No se supone que lo sepas todo.

No se supone que seas un experto en finanzas; es por eso que puedes contratar a uno para que haga tu declaración fiscal o te asesore en tus inversiones.

No se supone que seas un chef; es por eso que puedes comprar un libro de cocina o pedirle a tu madre que te ayude. No se supone que seas un entrenador de primera categoría; es por eso que puedes sacar una cita con alguno y aprender. No se supone que comprendas las complejidades de la salud mental y la neuropsicología; es por eso que puedes conversar con un psicoterapeuta y aprender cómo mejorarte.

No se supone que lo sepas todo. No se supone que seas bueno en todo. Por eso hay gente a la que puedes contratar o de la que puedes aprender. No seas tan duro contigo y céntrate en eso en lo que eres competente. Delega por fuera todo lo demás.

SÉ CONSCIENTE DE LO QUE NO SABES Y DETÉN TU FALSO PENSAMIENTO DICOTÓMICO

La razón principal de que las personas padezcan ansiedad es el pensamiento a largo plazo en términos de blanco o negro, también conocido como falsas dicotomías.

Se trata de un error cognitivo en el que rehúyes una gama entera de posibilidades en favor de uno o dos resultados polarizados que no son probables ni lógicos.

Si pierdo mi trabajo, soy un fracaso: falso.

Si termina esta relación, nunca volveré a encontrar el amor: falso.

Si esto que me da miedo ocurre, no podré seguir adelante: falso.

La ansiedad surge por lapsus lógicos, en los que hay una brecha en tus habilidades de razonamiento. Saltas de un evento a una conclusión improbable y, como te genera una convicción firme, asumes que es verdad. Al final, comienzas a pensar de manera dicotómica, lo que no solo es ineficaz, sino que además te asusta tanto que te vuelves incapaz de manejar realmente tu vida.

DEJA DE INTENTAR SER PSÍQUICO, PORQUE ES UN ERROR COGNITIVO

Dado que el miedo a lo desconocido es nuestro temor humano más básico, tiene sentido que hagamos malabares mentales para predecir el resultado de ciertas situaciones en nuestra vida.

Sin embargo, el pensamiento psíquico, o la idea de que tus sentimientos son premoniciones, de que puedes «simplemente saber» lo que depara el futuro o de que tu destino está de algún modo escrito en piedra, hace que tu mente se debilite. Te coloca en el asiento del pasajero cuando necesitas estar detrás del volante.

Cuando caes en un pensamiento psíquico, estás llevando las cosas al extremo. Estás tomando un solo sentimiento o experiencia y lo estás convirtiendo en una predicción de tu vida a largo plazo. Esta predicción no solo es falsa, sino que a menudo se vuelve una profecía autocumplida.

Deja de intentar predecir lo que no puedes saber y empieza a centrar tu energía en construir lo que puedes construir. Así, tú y tu vida mejorarán.

ASUME LA RESPONSABILIDAD DE TUS RESULTADOS (SÍ, DE TODOS ELLOS)

En el esquema general de tu vida, los resultados que en realidad importan son los que están bajo tu control casi por completo. Es más fácil y da menos miedo pretender que solo eres un engrane más, pero no lo eres.

De hecho, si empleas tu energía en aprender a ser productivo, cuidar tu salud y bienestar, mejorar tus relaciones y autoestima, tendrás una experiencia de vida radicalmente distinta. Todas y cada una de esas medidas están dentro de tu capacidad de cambiar o, al menos, de ejercer una gran influencia.

Hay algunas cosas en la vida que escapan a nuestro control. Si te enfocas en ellas, te perderás de algo en verdad importante: la mayor parte de tu vida es el resultado directo de tus acciones, conductas y elecciones.

APRENDE A SENTIRTE MEJOR PROCESANDO EMOCIONES COMPLEJAS

No se supone que debas sentirte feliz todo el tiempo. Tratar de sentirte feliz todo el tiempo no es la solución: es el problema.

En vez de la capacidad de mantener una actitud positiva todo el tiempo, la fortaleza mental requiere que desarrolles la capacidad de procesar emociones complejas como la aflicción, la ira, la tristeza, la ansiedad o el miedo.

Cuando no sabes cómo dejar que estos sentimientos pasen por ti, cómo darles sentido, aprender de ellos o nada más dejarlos ser, te atoras en ellos. Los entierras y, entonces, todo a tu alrededor se vuelve un detonante que amenaza con hacer que se desborden.

Podrías pensar que es cuestión de poner al mal tiempo buena cara, pero no es así. Es cuestión de llorar cuando la vida es triste, de enojarse frente a la injusticia y de estar decidido a encontrar una solución cuando surge un problema. La capacidad de respuesta meditada, más que la capacidad de reacción inmediata, es lo que define a la fortaleza mental.

OLVIDA LO QUE PASÓ Y ENFÓCATE EN CÓMO LO VAS A ARREGLAR

Reflexiona en lo que estuvo mal, aprende de lo que estuvo mal y resuelve cómo lo vas a compensar o cómo cambiarás el resultado en el futuro.

Luego suéltalo.

El único momento en que te aferrarás de verdad al pasado será cuando aún no hayas aprendido por completo de él. En cambio, cuando lo hayas hecho, podrás aplicar esas lecciones al presente y crear lo que hayas querido experimentar en ese entonces.

Estar enfocado desproporcionadamente en lo que sucedió en el pasado, frente a lo que ocurre ahora o a lo que quieres que pase en el futuro, es lo que te mantiene atorado por completo. Si sientes que en verdad te has fallado con cierta gravedad, se vuelve incluso más crucial que sigas adelante y crees la experiencia que deseas ahora.

Tu vida no se ha acabado. No fallaste de manera indefinida, pero lo harás si nunca sueltas e intentas de nuevo.

HÁBLALO DETENIDAMENTE, PORQUE LAS COSAS A MENUDO SON MÁS COMPLICADAS EN TU CABEZA

Si te sientes bastante enredado en tus pensamientos, sentimientos y miedos, habla con alguien. Quizá con un profesional de la salud mental o con un amigo de confianza. Si no hay nadie cerca, habla contigo mismo. Expresa tus ideas como si le estuvieras hablando a alguien más enfrente de ti.

A veces, necesitamos que una tercera persona objetiva nos ayude a examinar partes complicadas de nuestra vida. Mantener todo sepultado en nuestra cabeza y nuestro corazón a menudo empeora las cosas. Dejar que salga a la luz tiende a simplificar el problema, libera la emoción y ayuda a seguir adelante.

TÓMATE TU TIEMPO, PORQUE NO NECESITAS ENTENDER TODO AHORA MISMO

Por lo general, el crecimiento no es algo inmediato. Sucede de forma progresiva. Ocurre con pequeños esfuerzos y a pequeños pasos. Esto se debe a que, cuando estamos creciendo, en realidad estamos expandiendo y reestructurando nuestras zonas de confort. Nos estamos readaptando a una nueva forma de vida y, si le provocamos un choque a nuestro sistema con tanto cambio tan rápido, a menudo volvemos a lo que ya conocíamos.

La manera más efectiva y sana de cambiar tu vida es hacerlo lentamente. Si necesitas una satisfacción instantánea, haz de tu meta el pequeño paso que das cada día. Con el tiempo, se generará un impulso y te darás cuenta de que has avanzado kilómetros desde que empezaste.

TOMA LOS DETONADORES COMO SEÑALES, PORQUE TUS HERIDAS NECESITAN ATENCIÓN

Los detonadores no son casuales. Te muestran dónde estás más lastimado o dónde tienes una oportunidad de crecimiento.

Si podemos ver estos detonadores como señales que están tratando de ayudarnos a centrar nuestra atención en las áreas de nuestra vida que necesitan sanación, salud y progreso, podemos empezar a considerarlas útiles en vez de dolorosas.

No puedes ignorar tus problemas. No puedes pasar por alto tus heridas. Son asuntos que tendrás que descifrar, procesar, aprender de ellos y adaptar tu conducta en consecuencia. Esto no solo fortalecerá tu mente, sino que también te dará una mejor calidad de vida en general.

HONRA TU INCOMODIDAD, PORQUE ESTÁ TRATANDO DE DECIRTE ALGO

El regalo más grande que te entregará la vida es la incomodidad.

¡La incomodidad no está tratando de castigarte! Solo intenta mostrarte en qué áreas eres capaz de más, o mereces algo mejor, o bien puedes cambiar o estás destinado a algo más grande de lo que tienes ahora. En casi todos los casos, simplemente te está señalando que hay algo más para ti allá afuera, y te impulsa a perseguirlo.

En vez de intentar apaciguar esta incomodidad, la fortaleza mental requiere que escuches, aprendas y empieces a cambiar tu camino.

Si puedes empezar a ver tu vida como un mecanismo de retroalimentación que refleja quién eres, con el objetivo final de ayudarte a vivir mejor y de forma más plena, de pronto te darás cuenta de que nunca fue el mundo quien bloqueaba tu camino, sino tu propia mente.

CÓMO DISFRUTAR DE VERDAD TU VIDA

Si preguntaras, muchas personas sin duda estarían de acuerdo en considerar que el propósito de la vida es disfrutarla. Sin embargo, muchísimas personas luchan por estar presentes y en verdad experimentar su vida tal como es. Las causas son varias y pueden incluir de todo, desde expectativas irreales hasta grandes esfuerzos por sentirse bien. (Después de todo, es algo que tienes que permitir).

Cuando estás luchando, lo más insultante y complejo que alguien puede decirte es que «solo te relajes» o que «solo disfrutes». Cuando estás en modo de supervivencia, lo último en lo que puedes pensar es en cruzarte de brazos nada más y adaptarte a las adversidades. Esta es la parte más importante de aprender a volver a disfrutar tu vida: cuando estás en una situación de trauma y dolor, no puedes forzarte a ser feliz. Primero tienes que retroceder a modo neutral.

Cuando estás luchando y tratas de sentirte bien, en realidad estás acentuando la polaridad de tus sentimientos. Estás oprimiendo el sentimiento «negativo» en lugar de intentar sentir algo diferente. Irónicamente, muchas personas que están luchando con sus emociones son, en esencia, personas que en realidad solo tienen un deseo más grande de disfrutar la vida.

Deja de tratar de ser feliz

La felicidad no es algo que puedas perseguir. Es algo que tienes que permitir. Es probable que llegue como una sorpresa para muchas personas, ya que el mundo es muy inflexible respecto a todo, desde la psicología positiva hasta los tableros motivacionales de Pinterest. Pero la felicidad no es algo en lo que te puedas entrenar.

La felicidad es tu estado natural. Eso significa que volverás a ella por tu cuenta si permites que los otros sentimientos que quieres experimentar surjan, se sientan, sean procesados y no encuentren resistencia. Mientras menos te resistas a la infelicidad, más feliz serás. A menudo, es esforzarnos mucho por sentirnos de cierta manera lo que nos prepara para el fracaso.

LLEGA AL PRESENTE

Se dice que si estás ansioso es porque estás viviendo en el futuro y que si estás deprimido es porque estás viviendo en el pasado. Cuando vives en el presente te das cuenta de que el pasado y el futuro no son más que ilusiones actuales en el infinito y eterno «ahora» y que, de hecho, son formas en las que puedes evitar estar en tu cuerpo.

El único lugar donde puedes encontrar la felicidad es en el presente porque es el único lugar que existe de verdad. Tratar de buscar la felicidad enfocándote en lo que pudo o podría pasar en el futuro es, en realidad, un proceso de disociación. Practica llegar al ahora centrándote en vivir un día a la vez y en sacar el máximo provecho con lo que tienes actualmente frente a ti.

Hay un delicado equilibrio entre vivir para el momento y cuidar de tu versión futura.

DEJA DE TRATAR DE AFIRMAR TU DOMINIO

En su libro acerca del *hygge,* el arte danés de lo acogedor y el bienestar que muchos atribuyen a los índices de felicidad asombrosamente altos que tiene esa nación, Meik Wiking explica que conectar con los demás no es solo pasar tiempo con ellos, tiene que ver con no tratar de dominar, impresionar o provocar una reacción emocional en alguien.[23] Encuentras mucha más felicidad al no tratar de demostrar lo que vales.

Las personas que quieren y necesitan afirmar su dominio en sus relaciones son las que siempre están discutiendo por cuestiones hipotéticas, haciendo drama en festividades o eventos importantes, o descubriendo de algún modo que las personas a las que se supone que más aman y quieren se llevan lo peor de su comportamiento.

Para encontrar una mayor felicidad, necesitas verte a ti mismo como un igual de quienes te rodean. Cuando te ves posicionado para aprender de manera constante de todas las personas que conoces, ya no estás compensando tu miedo a estar «por debajo» de ellos.

Apóyate en las pequeñas alegrías cuando las encuentras

Cuando piensas en tratar de «disfrutar» la vida, es común que nuestra mente se apresure a intentar lograr cosas enormes y sobrecogedoras. Pensamos que ser feliz es solo lo que ocurre cuando estamos de viaje o nos acaba de llegar una bonificación importante.

En realidad esto es lo contrario a la felicidad, porque es condicional. La verdadera felicidad consiste en acoger las pequeñas alegrías de la vida: el amanecer de una cálida mañana de verano, tu taza de café o un libro genial. Consiste en ser agradecido no solo por las cosas grandiosas que nos pasan, sino también por las pequeñas satisfacciones que puedes encontrar día con día.

La mayoría de las personas piensan demasiado en la felicidad. Asumen que su vida tiene que funcionar perfecto para poder experimentar verdadera alegría. Pero no es así. La verdadera alegría consiste en encontrar la felicidad donde estés y como estés.

Cultiva tus relaciones positivas cuando las tengas

Sin importar si eres introvertido o extrovertido, la calidad de tus relaciones determina la calidad de tus experiencias de vida. Hay toneladas de investigaciones que respaldan esto: nos volvemos más parecidos a las personas con las que pasamos tiempo, y nuestra felicidad no se relaciona de manera directa con la cantidad de relaciones que tenemos, sino con la calidad de cada una de ellas; estar solo es tan riesgoso para la salud como fumar.[24]

Sin embargo, la mayoría de las personas interpreta que esto significa que solo deberían hacer amigos donde puedan encontrarlos y estar cerca de su familia biológica, incluso si no les agrada. Eso es no entender nada en absoluto. La felicidad no depende de que fuerces relaciones en las que no quieres estar. Depende, en cambio, de que construyas y acojas relaciones con personas que en verdad te caigan bien y que aporten un valor a tu vida.

Cuando conozcas a alguien con quien de verdad tengas una conexión, pon todo tu empeño en asegurarte de ver a esa persona y mantén sana tu amistad.

APRENDE ALGO NUEVO TAN SEGUIDO COMO PUEDAS

Cuando te acercas a la vida como si ya supieras todo lo que hay por saber, en realidad te estás cerrando a tener nuevas y mejores experiencias. Si asumes que sabes lo que pasará cuando pruebes algo nuevo, o si crees que sabes cómo serían ciertos lugares donde no has estado..., quizá quieras dejar un poco de espacio para sorprenderte.

Piensa en la vida como algo de lo que puedes estar aprendiendo. Tu dolor te enseña lo que no se siente bien y lo que deberías dejar de hacer. Tu alegría te enseña lo que está en armonía. Todo puede ser tu maestro, y, mientras más permitas que tus experiencias de vida te modifiquen y te cambien, mejor serás tú (y ellas).

CONSIDERA LOS MOMENTOS DESAFIANTES COMO OPORTUNIDADES DE TRANSFORMACIÓN

Es importante resaltar que las personas felices no están alegres todo el tiempo. De hecho, las personas que son felices de manera genuina están más en paz que eufóricas ante lo que experimentan.

Esto se debe a que las personas felices son, por naturaleza, cambiantes y fáciles de entrenar. No están atoradas en su camino. Comprenden que la vida requiere crecimiento, y, cuando ese crecimiento se estanca, la incomodidad comienza a surgir.

La verdadera naturaleza de la vida es el movimiento y la evolución constantes. Si no vas al mismo paso, la vida te forzará a cambiar conforme se vaya volviendo menos cómodo quedarte donde estás. No puedes evadir todo el dolor, pero puedes evitar gran parte del sufrimiento enfocándote en tu crecimiento personal.

SÉ CONSCIENTE DE CÓMO USAS TU ENERGÍA

Desde luego que la mayoría de las personas se da cuenta de que, si la mayor parte de su vida trabajan en un empleo que no les gusta o se quedan en relaciones que desprecian, no se sentirán bien. Sin embargo, muchas no se percatan de que hay cosas mucho más significativas en las que empleamos nuestra energía de manera constante, que determinan la calidad de nuestra vida.

Esos trabajos que no te gustan y tus relaciones estancadas no son problemas, son síntomas, y la raíz de todo ello es que dejas que tu mente corra. Cuando empleas tu energía en ciertos pensamientos, adquieren vida. Se dice que el lobo que gana es al que alimentas, y, cuando se trata de tu calidad de vida, necesitas ser cuidadoso en extremo de lo que te permites pensar. Pronto se convertirá en lo que sientes; luego, en lo que crees, y después, en tu conducta y, por supuesto, tu forma de vida.

AGENDA TIEMPO PARA NO HACER NADA

La felicidad es una búsqueda tanto activa como pasiva. Aunque sentirse realizado cada día es una decisión por completo consciente —no ocurrirá por accidente, para que lo sepas—, la ironía de sentirse en verdad bien radica en que no es algo que puedas forzar: es algo que tienes que permitir.

La felicidad consiste en negarte a saturar tu agenda hasta el tope para que puedas exprimir al máximo cada segundo de tu vida. También consiste en tomarte tiempo para acoger lo trivial de los momentos cotidianos. Es ponerte cómodo y leer un libro, conversar durante la comida con alguien que quieres o, simplemente, disfrutar de las pequeñas cosas de cada día. Tomarse este tiempo no ocurrirá de la nada: tienes que planificarlo.

AGENDA TIEMPO PARA JUGAR

Cuando éramos niños, todo lo que hacíamos era imaginar y jugar. Nuestra vida era nuestro lienzo, y comprendíamos por naturaleza que podíamos hacer creer absolutamente cualquier cosa y pasar el día viviéndolo.

Lo mismo aplica en la vida adulta; pero, en el transcurso de unas cuantas décadas, el mundo tiende a apagarte la magia. Si de verdad quieres disfrutar la vida, tienes que hacerte tiempo para realizar todo lo que te gustaba cuando eras joven. Pintar, jugar en la arena, jugar a lo que te gusta y ser creativo porque sí.

Si todo eso te parece infantil, qué bien. Quiere decir que estás listo para reconciliarte con tu niño interno, que todo el tiempo está y ha estado ahí. Disfrutar la vida es vivirla tanto de la forma más sencilla como de la manera más transformadora posible. Parte de ello consiste en sencillamente dejar que te muestres y seas quien y como eres.

LLEGAR A SER UN MAESTRO DE TI MISMO

Cuando llegues al final de tu vida, comenzarás a ver tus montañas por lo que fueron en realidad: regalos.

Cuando revises tu vida, no recordarás las dificultades. Las verás como puntos de giro, oportunidades de crecimiento; los días en que tomaste conciencia justo antes de que todo cambiara.

Para volverte un maestro de ti mismo, primero debes asumir la responsabilidad absoluta de tu vida. Esto incluye, además, aquello que escapa a tu control. Un verdadero maestro sabe que no es lo que pasa, sino la forma en que uno responde, lo que determina el resultado.

No todos llegan ahí. La mayoría de las personas vive sin darse apenas cuenta de que ellas mismas están creando gran parte de las olas en su vida, y de que también es su trabajo aprender a tomarlas. La mayoría de las personas pasa sus días perdida en la niebla de sus propios pensamientos y sentimientos, sin tener mucha capacidad de examinarlos.

La maestría consiste en darse cuenta de que estamos equipados con los rasgos específicos que necesitamos para superar la montaña que está frente a nosotros, y, en efecto, hacerlo es el llamado final de nuestra vida. No es que seamos capaces: es nuestro destino.

La maestría consiste en entender por fin que los días de incomodidad que aguantaste no fueron una especie de purgatorio que simplemente tuviste que atravesar. Era tu yo interior más profundo informándote que eres capaz de más, que mereces algo mejor y que estás destinado a transformarte en la persona que anhelas.

Debes reclamarla. Debes crearla. Tu propio proceso de sanación creará un invisible efecto dominó en el conjunto. Si queremos cambiar el mundo, cambiamos nosotros mismos. Si queremos cambiar nuestras vidas, cambiamos nosotros mismos. Si queremos escalar las montañas más grandes que haya frente a nosotros, cambiamos nuestra forma de llegar al camino.

Cuando hayas llegado a la cima de todo —sea cual sea para ti—, volverás la mirada y sabrás que cada paso lo valió. En especial, estarás más que agradecido por el dolor que te llevó a emprender el camino; porque en realidad, más que lastimarte, intentaba señalarte que algo estaba mal. Ese algo era el riesgo de que tu potencial se quedara sin aprovechar, de que gastaras tu vida en las personas equivocadas, haciendo cosas equivocadas y preguntándote por qué nunca te sentiste del todo correcto.

Tu vida apenas está comenzando.

Un día, la montaña que estaba frente a ti quedará tan atrás que apenas se podrá ver a la distancia. Pero, ¿en quién te convertiste al aprender a escalarla? Esa persona se quedará contigo para siempre.

Ese es el pico de la montaña.

REFERENCIAS

1. Halifax, Joan. *Al borde del abismo: encontrar la libertad donde se cruzan el miedo y el coraje*, traducción de María José Tobías Cid. Barcelona: Editorial Kairós, 2020.

2. Hawking, Stephen. *Historia del tiempo: del big bang a los agujeros negros,* traducción de Miguel Ortuño. Barcelona: Editorial Crítica, 1988.

3. Lachman, Gary. *Jung the Mystic: The Esoteric Dimensions of Carl Jung's Life and Teachings.* Nueva York: Penguin Random House, 2010.

4. Hendricks, Gay. *Tu gran salto: conquista tus miedos ocultos y lleva tu vida al siguiente nivel,* traducción de Constanza Cervino. Madrid: Editorial Faro, 2020.

5. Swan, Teal. «Find Your Subconscious Core Commitment», tealswan.com.

6. Seymour, Tom. «Vagus Nerve: Function, Stimulation, And Further Research». *Medical News Today,* 2017.

7. Lieberman, Daniel Z. y Michael E. Long. *Dopamina: cómo una molécula condiciona de quién nos enamoramos, con quién nos acostamos, a quién votamos y qué nos depara el futuro,* traducción de María Eugenia Santa Coloma. Barcelona: Ediciones Península, 2021.

8. Tracy, Brian. «The Role Your Subconscious Mind Plays In Your Everyday Life», briantracy.com, 2019.

9. Holiday, Ryan. «Sorry, An Epiphany Isn't What's Going To Change Your Life», ryanholiday.net, 2016.

10. Sims, Stacy T. «The 3 Body Types: Explained». *Runner's World,* 2016. https://www.runnersworld.com/health-injuries/a20818211/the-3-body-types-explained.

11. Taylor, Christa. «Creativity and Mood Disorder: A Systematic Review and Meta-Analysis». *Perspectives on Psychological Science,* 2017.

12. Cole, Adam. «Does Your Body Really Refresh Itself Every 7 Years?». NPR, 2016. https://www.npr.org/sections/health-shots/2016/06/28/483732115/how-old-is-your-body-really.

13. Bremner, J. Douglas. «Traumatic Stress: Effects On The Brain». *Dialogues in Clinical Neuroscience,* vol. 8, núm. 4: 445-461, 2006.

14. Burton, Neel. «Our Hierarchy of Needs». *Psychology Today,* 2012. https://www.psychologytoday.com/us/blog/hide-and-seek/201205/our-hierarchy-needs.

15. Jacobson, Sheri. «Inner Child Work: What Is It, And How Can You Benefit?». Harley Therapy, 2017. https://www.harleytherapy.co.uk/counselling/inner-child-work-can-benefit.htm.

16. Henriques, Martha. «Can the legacy of trauma be passed down the generations?». BBC, 2019. https://www.bbc.com/future/article/20190326-what-is-epigenetics.

17. Covey, Stephen. *Los 7 hábitos de la gente altamente efectiva,* traducción de Jorge Piatigorsky. Barcelona: Paidós, 1990.

18 y 19. Hardy, Benjamin. «You Don't Control The Outcomes Of Your Life, Principles Do». LinkedIn, 2017. https://www.linkedin.com/pulse/you-dont-control-outcomes-your-life-principles-do-benjamin-hardy-3.

20. Lopez, Donald S. «Eightfold Path: Buddhism». *Britannica,* s/f. https://www.britannica.com/topic/Eightfold-Path.

21. Diamond, Stephen. «Essential Secrets of Psychotherapy: The Inner Child». *Psychology Today,* 2008. https://www.psychologytoday.com/us/blog/evil-deeds

/200806/essential-secrets-psychotherapy-the-inner-child.

22. Brenner, Gail. «The Warrior's Way to Inner Peace: What Is Inner Peace?», gailbrenner.com. https://gailbrenner.com/2009/11/the-warriors-way-1-inner-peace/.

23. Wiking, Miek. *Hygge: la felicidad en las pequeñas cosas,* traducción de Daruma Serveis. Barcelona: Editorial Cúpula, 2017.

24. Pomeroy, Claire. «Loneliness Is Harmful to Our Nation's Health». *Scientific American,* 2019. https://blogs.scientificamerican.com/observations/loneliness-is-harmful-to-our-nations-health/.